治安管理处罚法
高频问题 速查手册

中国法治出版社
CHINA LEGAL PUBLISHING HOUSE

Preface 序言

作为一部维护社会治安秩序、保障公民人身财产安全、促进社会和谐稳定的法律,《治安管理处罚法》① 与公民的社会生活息息相关。新修订的《治安管理处罚法》,自 2026 年 1 月 1 日起施行,共 6 章 144 条,包括总则、处罚的种类和适用、违反治安管理的行为和处罚、处罚程序、执法监督、附则。本次修订将新出现的影响社会治安的行为纳入管理范围,进一步优化、完善了办理治安案件的程序规定,为公安机关依法维护社会治安秩序,保障公共安全,保护公民、法人和其他组织的合法权益提供了更为完善的法律保障。

本书根据修订后的《治安管理处罚法》以及关联配套规定、典型案例编写,突出法律修订的亮点,重点内容画线提醒,高频问题分类速查,帮助读者更加细致地学习该法及其相关规定,进一步增强法治意识,更好地了解自己的权利与义务,争做守法好公民。

---

① 本书中《中华人民共和国治安管理处罚法》统一简称为《治安管理处罚法》。

CONTENTS 目 录

第一章 《治安管理处罚法》相关基础知识

高频问题 1　制定《治安管理处罚法》的目的是什么？/ 003

高频问题 2　如何区分违反治安管理行为与犯罪行为？/ 003

高频问题 3　治安管理处罚的程序应当适用什么法律？/ 005

高频问题 4　《治安管理处罚法》的空间效力范围如何？/ 006

高频问题 5　实施治安管理处罚和办理治安案件的基本原则是什么？/ 007

高频问题 6　治安管理工作由哪个部门负责？/ 008

高频问题 7　治安案件的管辖由哪个部门规定？/ 008

高频问题 8　违反治安管理行为对他人造成损害的，是否需要承担民事责任？/ 011

高频问题 9　因民间纠纷引起的打架斗殴或者损毁他人财物等违反治安管理行为，情节较轻的，可以如何处理？/ 013

第二章 治安管理处罚的种类和适用

高频问题 10　治安管理处罚的种类有哪些？/ 017

高频问题 11　办理治安案件所查获的违禁品、工具和违反治安管理所得的财物如何处理？/ 018

高频问题 12　未成年人违反治安管理的，如何处理？/ 018

高频问题 13　精神病人、智力残疾人违反治安管理的，如何处理？/ 021

高频问题 14　盲人或者又聋又哑的人违反治安管理的，如何处理？/ 022

高频问题 15　醉酒的人违反治安管理的，如何处理？/ 022

高频问题 16　单位违反治安管理的，如何处理？/ 022

高频问题 17　治安管理中适用正当防卫吗？/ 023

高频问题 18　违反治安管理有哪些情形的，从轻、减轻或者不予处罚？/ 024

高频问题 19　对违反治安管理行为人，何种情形下可以依法从宽处理？/ 024

高频问题 20　违反治安管理有哪些情形的，从重处罚？/ 024

高频问题 21　违反治安管理行为人有哪些情形，应当给予行政拘留处罚的，不执行行政拘留处罚？哪些情形不受此规定的限制？/ 025

高频问题 22　违反治安管理行为的追究时效是多久？何时起算？/ 027

第三章　扰乱公共秩序行为和相应治安管理处罚

高频问题 23　哪些扰乱单位、公共场所、公共交通或其他交通工具和选举秩序的行为将受到治安管理处罚？如何处罚？/ 031

高频问题 24　哪些扰乱考试秩序的行为将受到治安管理处罚？如何处罚？/ 032

高频问题 25　哪些扰乱体育、文化等大型群众性活动秩序的行为将受到治安管理处罚？如何处罚？/ 033

高频问题 26　哪些故意散布谣言、投放虚假的危险物质、扬言实施危害公共安全犯罪扰乱公共秩序的行为将受到治安管理处罚？如何处罚？/ 034

高频问题 27　哪些寻衅滋事行为将受到治安管理处罚？如何处罚？/ 035

高频问题 28　哪些利用邪教组织、会道门、迷信活动等扰乱社会秩序的行为将受到治安管理处罚？如何处罚？/ 036

高频问题 29　哪些违反国家规定，故意干扰无线电业务正常进行或擅自设置无线电台（站）等行为将受到治安管理处罚？如何处罚？/ 037

高频问题 30　哪些违反国家规定侵入、破坏计算机信息系统的行为将受到治安管理处罚？如何处罚？/ 039

高频问题 31　组织、领导传销活动或胁迫、诱骗他人参加传销活动的，如何处罚？/ 040

高频问题 32　哪些在国家举行庆祝、纪念等重要活动场所故意从事与活动主题、氛围相违背的行为，以及侵害英雄烈士名誉、荣誉的行为将受到治安管理处罚？如何处罚？/ 041

第四章 妨害公共安全行为和相应治安管理处罚

高频问题 33　违反国家规定，制造、买卖、储存、运输、邮寄、携带、使用、提供、处置危险物质的，如何处罚？/ 045

高频问题 34　危险物质被盗、被抢或者丢失，未按规定报告或故意隐瞒不报的，如何处罚？/ 045

高频问题 35　非法携带枪支、弹药或者弩、匕首等管制器具的，如何处罚？/ 046

高频问题 36　哪些盗窃、损毁公共设施的行为将受到治安管理处罚？如何处罚？/ 046

高频问题 37　哪些妨害航空器飞行安全、干扰公共交通工具正常行驶的行为将受到治安管理处罚？如何处罚？/ 047

高频问题 38　哪些妨害铁路、城市轨道交通线路安全的行为将受到治安管理处罚？如何处罚？/ 048

高频问题 39　擅自进入铁路、城市轨道交通防护网等，影响行车安全的，如何处罚？/ 049

高频问题 40　哪些违规安装、使用电网，妨害公共道路安全，升放携带明火的升空物体，高空抛物行为将受到治安管理处罚？如何处罚？/ 050

高频问题 41　举办大型群众性活动，违反有关规定，有发生安全事故危险，经公安机关责令改正而拒不改正或者无法改正的，如何处罚？/ 051

高频问题 42　供社会公众活动的场所违反安全规定，致使该场所有发生安全事故危险，经公安机关责令改正而拒不改正的，如何处罚？/ 052

高频问题 43 哪些违反规定飞行民用无人驾驶航空器、航空运动器材或升放无人驾驶的升空物体行为将受到治安管理处罚？如何处罚？/ 052

第五章 侵犯人身权利、财产权利行为和相应治安管理处罚

高频问题 44 对进行恐怖、残忍表演，强迫劳动，非法限制人身自由、侵入住宅或者搜查身体行为，如何处罚？/ 055

高频问题 45 组织、胁迫未成年人在不适宜其活动的经营场所从事有偿陪侍活动，如何处罚？/ 055

高频问题 46 胁迫、诱骗或利用他人乞讨的和以滋扰他人的方式乞讨的，如何处罚？/ 056

高频问题 47 对威胁他人人身安全、公然侮辱或诽谤他人等侵犯公民人身权利的行为，如何处罚？/ 056

高频问题 48 对殴打他人或故意伤害他人身体的行为，如何处罚？/ 058

高频问题 49 猥亵他人和在公共场所故意裸露身体隐私部位的，如何处罚？/ 059

高频问题 50 对虐待家庭成员、被监护人、被看护人，遗弃被扶养人行为,如何处罚？/ 059

高频问题 51 对强买强卖、强迫服务行为，如何处罚？/ 060

高频问题 52 煽动民族仇恨、民族歧视或者在出版物、信息网络中刊载民族歧视、侮辱内容的，如何处罚？/ 061

高频问题 53 违规向他人出售或者提供个人信息，窃取或者以其他方法非法获取个人信息的，如何处罚？／061

高频问题 54 对侵犯通信自由行为，如何处罚？／062

高频问题 55 对盗窃、诈骗、哄抢、抢夺、敲诈勒索行为，如何处罚？／062

高频问题 56 故意损毁公私财物的，如何处罚？／062

高频问题 57 以殴打、侮辱、恐吓等方式实施学生欺凌，违反治安管理的，如何处理？／063

高频问题 58 学校明知发生严重的学生欺凌或其他侵害未成年学生的犯罪，不按规定报告或者处置的，如何处理？／064

第六章　妨害社会管理行为和相应治安管理处罚

高频问题 59 对拒不执行紧急状态下的决定、命令和阻碍依法执行职务、紧急任务等行为，如何处罚？／069

高频问题 60 对招摇撞骗行为，如何处罚？／069

高频问题 61 对伪造、变造或者买卖公文、证件、证明文件、印章等行为，如何处罚？／070

高频问题 62 对船舶擅自进入、停靠禁、限入水域或岛屿行为，如何处罚？／071

高频问题 63 违反规定以社会组织名义进行活动或未经许可，擅自经营需要由公安机关许可的行业的，如何处罚？／071

高频问题 64 煽动、策划非法集会、游行、示威，不听劝阻的，如何处罚？／072

高频问题 65　对从事旅馆业经营活动不按规定登记住宿人员信息等行为，如何处罚？／073

高频问题 66　对不按规定出租房屋行为，如何处罚？／074

高频问题 67　娱乐场所和公章刻制、机动车修理、报废机动车回收行业经营者不依法登记信息的，如何处罚？／074

高频问题 68　非法安装、使用、提供窃听、窃照专用器材的，如何处罚？／076

高频问题 69　对违反规定承接典当、收购行为，如何处罚？／076

高频问题 70　对妨害执法秩序行为，如何处罚？／077

高频问题 71　对违反刑事判决中的禁止令或者职业禁止决定，拒不执行禁止家庭暴力告诫书、禁止性骚扰告诫书，违反监察工作、刑事诉讼中禁止接触证人、鉴定人、被害人及其近亲属保护措施行为，如何处罚？／078

高频问题 72　依法被关押的违法行为人脱逃的，如何处罚？／078

高频问题 73　对故意损坏国家保护的文物等行为，如何处罚？／079

高频问题 74　对非法驾驶交通工具行为，如何处罚？／079

高频问题 75　对故意损坏他人坟墓、尸骨、骨灰和乱停放尸体行为，如何处罚？／080

高频问题 76　对卖淫、嫖娼行为，如何处罚？／080

高频问题 77　对引诱、容留、介绍卖淫行为，如何处罚？／081

高频问题 78　对制作、运输、复制、出售、出租淫秽物品或传播淫秽信息行为，如何处罚？／081

高频问题 79　对组织、参与淫秽活动行为，如何处罚？／082

高频问题 80　以营利为目的，为赌博提供条件，或参与赌博赌资较大的，如何处罚？／083

高频问题 81　对毒品原植物相关违法行为，如何处罚？/ 084

高频问题 82　对毒品相关违法行为，如何处罚？/ 084

高频问题 83　对引诱、教唆、欺骗、强迫、容留他人吸食、注射毒品或介绍买卖毒品行为，如何处罚？/ 085

高频问题 84　非法生产、经营、购买、运输用于制造毒品的原料、配剂的，如何处罚？/ 086

高频问题 85　对旅馆业、饮食服务业、文化娱乐业、出租汽车业等单位的人员为违法犯罪行为人通风报信或为其活动提供条件的行为，如何处罚？/ 087

高频问题 86　对违反规定，产生社会生活噪声不听劝阻继续干扰他人的行为，如何处罚？/ 088

高频问题 87　对饲养动物干扰他人正常生活或未对动物采取安全措施致使动物伤害他人等行为，如何处罚？/ 089

第七章　治安管理处罚程序与执法监督

高频问题 88　公安机关认为不属于违反治安管理行为的，应当如何处理？/ 093

高频问题 89　对治安案件调查中的证据收集等，有哪些程序规定？/ 093

高频问题 90　人民警察办理治安案件过程中，遇有哪些情形应当回避？/ 094

高频问题 91　传唤违反治安管理行为人接受调查，有哪些程序规定？/ 094

高频问题 92　治安案件调查中的询问，有哪些程序规定？/ 095

高频问题 93　治安案件调查中的检查，有哪些程序规定？/ 097

高频问题 94	治安案件调查中的扣押,有哪些程序规定?／098
高频问题 95	治安管理处罚由哪个机关决定?／099
高频问题 96	公安机关查处治安案件,作出治安管理处罚决定有何证据要求?／100
高频问题 97	公安机关作出治安管理处罚决定前,违反治安管理行为人有陈述、申辩的权利吗?／100
高频问题 98	治安案件调查结束后应当如何处理?／101
高频问题 99	哪些情形下,在公安机关作出治安管理处罚决定之前,应当进行法制审核?／102
高频问题 100	治安管理处罚决定书应当载明哪些内容?如何送达?／102
高频问题 101	违反治安管理行为人有要求举行听证的权利吗?／103
高频问题 102	公安机关办理治安案件的期限是多久?／104
高频问题 103	何种情形下可以当场作出治安管理处罚决定?当场处罚的,有哪些程序规定?／105
高频问题 104	被处罚人、被侵害人对治安管理处罚决定,作出的收缴、追缴决定,或者采取的有关措施不服的,可以怎么做?／106
高频问题 105	行政拘留处罚如何执行?／107
高频问题 106	哪些情形下人民警察可以当场收缴罚款?当场收缴罚款的,有哪些程序规定?／108
高频问题 107	遇有哪些情形的,被处罚人可以向公安机关提出暂缓执行行政拘留的申请?／109
高频问题 108	如果发现公安机关及其人民警察办理治安案件有不严格执法或违法违纪行为的,怎么办?／111
高频问题 109	违反治安管理的记录应当如何处理?／111

高频问题 110　人民警察办理治安案件，有哪些行为的，依法给予处分；构成犯罪的，依法追究刑事责任？／112

附　录

公安机关执行《中华人民共和国治安管理处罚法》
　有关问题的解释／117
　　（2006年1月23日）
公安机关执行《中华人民共和国治安管理处罚法》
　有关问题的解释（二）／123
　　（2007年1月8日）
公安机关办理伤害案件规定／126
　　（2005年12月27日）

戒毒条例／133
　　（2018年9月18日）
最高人民法院、最高人民检察院、公安部关于依
　法惩治网络暴力违法犯罪的指导意见／142
　　（2023年9月20日）
网络暴力信息治理规定／147
　　（2024年6月12日）
娱乐场所治安管理办法／154
　　（2008年6月3日）

第一章

《治安管理处罚法》相关基础知识

高频问题 1 制定《治安管理处罚法》的目的是什么？

为了维护社会治安秩序，保障公共安全，保护公民、法人和其他组织的合法权益，规范和保障公安机关及其人民警察依法履行治安管理职责，根据宪法，制定《治安管理处罚法》。

高频问题 2 如何区分违反治安管理行为与犯罪行为？

扰乱公共秩序，妨害公共安全，侵犯人身权利、财产权利，妨害社会管理，具有社会危害性，依照《中华人民共和国刑法》的规定构成犯罪的，依法追究刑事责任；尚不够刑事处罚的，由公安机关依照《治安管理处罚法》给予治安管理处罚。

违反治安管理行为构成犯罪，应当依法追究刑事责任的，不得以治安管理处罚代替刑事处罚。

关联配套规定

《中华人民共和国刑法》

第十三条　一切危害国家主权、领土完整和安全，分裂国家、颠覆人民民主专政的政权和推翻社会主义制度，破坏社会秩序和经济秩序，侵犯国有财产或者劳动群众集体所有的财产，侵犯公民私人所有的财产，侵犯公民的人身权利、民主权利和其他权利，以及其他危害社会的行为，依照法律应当受刑罚处罚的，都是犯罪，但是情节显著轻微危害不大的，不认为是犯罪。

第三十二条　刑罚分为主刑和附加刑。

第三十三条　主刑的种类如下：

（一）管制；

（二）拘役；

（三）有期徒刑；

（四）无期徒刑；

（五）死刑。

第三十四条　附加刑的种类如下：

（一）罚金；

（二）剥夺政治权利；
（三）没收财产。
附加刑也可以独立适用。

第三十五条 对于犯罪的外国人，可以独立适用或者附加适用驱逐出境。

高频问题 3 治安管理处罚的程序应当适用什么法律？

治安管理处罚的程序，适用《治安管理处罚法》的规定；《治安管理处罚法》没有规定的，适用《中华人民共和国行政处罚法》《中华人民共和国行政强制法》的有关规定。

关联配套规定

《中华人民共和国行政处罚法》

第二条 行政处罚是指行政机关依法对违反行政管理秩序的公民、法人或者其他组织，以减损权益或者增加义务的方式予以惩戒的行为。

第三条 行政处罚的设定和实施，适用本法。

第四条　公民、法人或者其他组织违反行政管理秩序的行为，应当给予行政处罚的，依照本法由法律、法规、规章规定，并由行政机关依照本法规定的程序实施。

《中华人民共和国行政强制法》

第二条　本法所称行政强制，包括行政强制措施和行政强制执行。

行政强制措施，是指行政机关在行政管理过程中，为制止违法行为、防止证据损毁、避免危害发生、控制危险扩大等情形，依法对公民的人身自由实施暂时性限制，或者对公民、法人或者其他组织的财物实施暂时性控制的行为。

行政强制执行，是指行政机关或者行政机关申请人民法院，对不履行行政决定的公民、法人或者其他组织，依法强制履行义务的行为。

高频问题 4 《治安管理处罚法》的空间效力范围如何？

在中华人民共和国领域内发生的违反治安管理行为，除法律有特别规定的外，适用《治安管理处罚法》。

在中华人民共和国船舶和航空器内发生的违反治安管理行为，除法律有特别规定的外，适用《治安管理处罚法》。

在外国船舶和航空器内发生的违反治安管理行为，依照中华人民共和国缔结或者参加的国际条约，中华人民共和国行使管辖权的，适用《治安管理处罚法》。

高频问题 5 实施治安管理处罚和办理治安案件的基本原则是什么？

治安管理处罚必须以事实为依据，与违反治安管理的事实、性质、情节以及社会危害程度相当。

实施治安管理处罚，应当公开、公正，尊重和保障人权，保护公民的人格尊严。

办理治安案件应当坚持教育与处罚相结合的原则，充分释法说理，教育公民、法人或者其他组织自觉守法。

关联配套规定

《中华人民共和国行政处罚法》
第五条　行政处罚遵循公正、公开的原则。
设定和实施行政处罚必须以事实为依据，与违法行为的事实、性质、情节以及社会危害程度相当。

对违法行为给予行政处罚的规定必须公布；未经公布的，不得作为行政处罚的依据。

第六条　实施行政处罚，纠正违法行为，应当坚持处罚与教育相结合，教育公民、法人或者其他组织自觉守法。

《中华人民共和国行政强制法》

第六条　实施行政强制，应当坚持教育与强制相结合。

高频问题 6　治安管理工作由哪个部门负责？

国务院公安部门负责全国的治安管理工作。县级以上地方各级人民政府公安机关负责本行政区域内的治安管理工作。

高频问题 7　治安案件的管辖由哪个部门规定？

治安案件的管辖由国务院公安部门规定。

关联配套规定

《公安机关办理行政案件程序规定》

第十条 行政案件由违法行为地的公安机关管辖。由违法行为人居住地公安机关管辖更为适宜的，可以由违法行为人居住地公安机关管辖，但是涉及卖淫、嫖娼、赌博、毒品的案件除外。

违法行为地包括违法行为发生地和违法结果发生地。违法行为发生地，包括违法行为的实施地以及开始地、途经地、结束地等与违法行为有关的地点；违法行为有连续、持续或者继续状态的，违法行为连续、持续或者继续实施的地方都属于违法行为发生地。违法结果发生地，包括违法对象被侵害地、违法所得的实际取得地、藏匿地、转移地、使用地、销售地。

居住地包括户籍所在地、经常居住地。经常居住地是指公民离开户籍所在地最后连续居住一年以上的地方，但在医院住院就医的除外。

移交违法行为人居住地公安机关管辖的行政案件，违法行为地公安机关在移交前应当及时收集证据，并配合违法行为人居住地公安机关开展调查取证工作。

第十一条 针对或者利用网络实施的违法行为，用于实施违法行为的网站服务器所在地、网络接入地以及网站建立者或者管理者所在地，被侵害的网络及其运营者所在地，违法过程中违法行为人、被侵害人使用的网络及其运营者所在地,被侵害人被侵害时所在地,以及被侵害人财产遭受损失地公安机关可以管辖。

第十二条　行驶中的客车上发生的行政案件,由案发后客车最初停靠地公安机关管辖;必要时,始发地、途经地、到达地公安机关也可以管辖。

第十三条　行政案件由县级公安机关及其公安派出所、依法具有独立执法主体资格的公安机关业务部门以及出入境边防检查站按照法律、行政法规、规章授权和管辖分工办理,但法律、行政法规、规章规定由设区的市级以上公安机关办理的除外。

第十四条　几个公安机关都有权管辖的行政案件,由最初受理的公安机关管辖。必要时,可以由主要违法行为地公安机关管辖。

第十五条　对管辖权发生争议的,报请共同的上级公安机关指定管辖。

对于重大、复杂的案件,上级公安机关可以直接办理或者指定管辖。

上级公安机关直接办理或者指定管辖的,应当书面通知被指定管辖的公安机关和其他有关的公安机关。

原受理案件的公安机关自收到上级公安机关书面通知之日起不再行使管辖权,并立即将案卷材料移送被指定管辖的公安机关或者办理的上级公安机关,及时书面通知当事人。

第十六条　铁路公安机关管辖列车上,火车站工作区域内,铁路系统的机关、厂、段、所、队等单位内发生的行政案件，以及在铁路线上放置障碍物或者损毁、移动铁路设施等可能影响铁路运输安全、盗窃铁路设施的行政案件。对倒卖、伪造、变造火车票案件，由最初受理的铁路或者地方公安机关管辖。必要时，可以移送主要违法行为发生地的铁路或者地方公安机关管辖。

交通公安机关管辖港航管理机构管理的轮船上、港口、码头工作区域内和港航系统的机关、厂、所、队等单位内发生的行政案件。

民航公安机关管辖民航管理机构管理的机场工作区域以及民航系统的机关、厂、所、队等单位内和民航飞机上发生的行政案件。

国有林区的森林公安机关管辖林区内发生的行政案件。

海关缉私机构管辖阻碍海关缉私警察依法执行职务的治安案件。

高频问题 8 违反治安管理行为对他人造成损害的，是否需要承担民事责任？

违反治安管理行为对他人造成损害的，除依照《治安管理处罚法》给予治安管理处罚外，行为人或者其监护人还应当依法承担民事责任。

关联配套规定

《中华人民共和国民法典》

第一百七十九条　承担民事责任的方式主要有：

（一）停止侵害；

（二）排除妨碍；

（三）消除危险；

（四）返还财产；

（五）恢复原状；

（六）修理、重作、更换；

（七）继续履行；

（八）赔偿损失；

（九）支付违约金；

（十）消除影响、恢复名誉；

（十一）赔礼道歉。

法律规定惩罚性赔偿的，依照其规定。

本条规定的承担民事责任的方式，可以单独适用，也可以合并适用。

高频问题 9 因民间纠纷引起的打架斗殴或者损毁他人财物等违反治安管理行为，情节较轻的，可以如何处理？

对于因民间纠纷引起的打架斗殴或者损毁他人财物等违反治安管理行为，情节较轻的，公安机关可以调解处理。

调解处理治安案件，应当查明事实，并遵循合法、公正、自愿、及时的原则，注意教育和疏导，促进化解矛盾纠纷。

经公安机关调解，当事人达成协议的，不予处罚。经调解未达成协议或者达成协议后不履行的，公安机关应当依照《治安管理处罚法》的规定对违反治安管理行为作出处理，并告知当事人可以就民事争议依法向人民法院提起民事诉讼。

对属于前述规定的调解范围的治安案件，公安机关作出处理决定前，当事人自行和解或者经人民调解委员会调解达成协议并履行，书面申请经公安机关认可的，不予处罚。

关联配套规定

《公安机关执行〈中华人民共和国治安管理处罚法〉有关问题的解释》

一、关于治安案件的调解问题。根据《治安管理处罚法》第9条的规定，对因民间纠纷引起的打架斗殴或者损毁他人财物以及其他违反治安管理行为，情节较轻的，公安机关应当本着化解矛盾纠纷、维护社会稳定、构建和谐社会的要求，依法尽量予以调解处理。特别是对因家庭、邻里、同事之间纠纷引起的违反治安管理行为，情节较轻，双方当事人愿意和解的，如制造噪声、发送信息、饲养动物干扰他人正常生活，放任动物恐吓他人、侮辱、诽谤、诬告陷害、侵犯隐私、偷开机动车等治安案件，公安机关都可以调解处理。同时，为确保调解取得良好效果，调解前应当及时依法做深入细致的调查取证工作，以查明事实、收集证据、分清责任。调解达成协议的，应当制作调解书，交双方当事人签字。

第二章
治安管理处罚的种类和适用

高频问题 10 治安管理处罚的种类有哪些？

治安管理处罚的种类分为：（一）警告；（二）罚款；（三）行政拘留；（四）吊销公安机关发放的许可证件。

对违反治安管理的外国人，可以附加适用限期出境或者驱逐出境。

关联配套规定

《公安机关执行〈中华人民共和国治安管理处罚法〉有关问题的解释》

二、关于涉外治安案件的办理问题。《治安管理处罚法》第10条第2款规定："对违反治安管理的外国人，可以附加适用限期出境或者驱逐出境"。对外国人需要依法适用限期出境、驱逐出境处罚的，由承办案件的公安机关逐级上报公安部或者公安部授权的省级人民政府公安机关决定，由承办案件的公安机关执行。对外国人依法决定行政拘留的，由承办案件的县级以上（含县级，下同）公安机关决定，不再报上一级公安机关批准。对外国人依法决定警告、罚款、行政拘留，并附加适用限期出境、驱逐出境处罚的，应当在警告、罚款、行政拘留执行完毕后，再执行限期出境、驱逐出境。

高频问题 11 办理治安案件所查获的违禁品、工具和违反治安管理所得的财物如何处理？

办理治安案件所查获的毒品、淫秽物品等违禁品，赌具、赌资，吸食、注射毒品的用具以及直接用于实施违反治安管理行为的本人所有的工具，应当收缴，按照规定处理。

违反治安管理所得的财物，追缴退还被侵害人；没有被侵害人的，登记造册，公开拍卖或者按照国家有关规定处理，所得款项上缴国库。

高频问题 12 未成年人违反治安管理的，如何处理？

已满十四周岁不满十八周岁的人违反治安管理的，从轻或者减轻处罚；不满十四周岁的人违反治安管理的，不予处罚，但是应当责令其监护人严加管教。

关联配套规定

《治安管理处罚法》

第二十四条 对依照本法第十二条规定不予处罚或者依照本法第二十三条规定不执行行政拘留处罚的未成年人，公安机关依照《中华人民共和国预防未成年人犯罪法》的规定采取相应矫治教育等措施。

《公安机关执行〈中华人民共和国治安管理处罚法〉有关问题的解释（二）》

四、关于减轻处罚的适用问题

违反治安管理行为人具有《治安管理处罚法》第十二条、第十四条、第十九条减轻处罚情节的，按下列规定适用：

（一）法定处罚种类只有一种，在该法定处罚种类的幅度以下减轻处罚；

（二）法定处罚种类只有一种，在该法定处罚种类的幅度以下无法再减轻处罚的，不予处罚；

（三）规定拘留并处罚款的，在法定处罚幅度以下单独或者同时减轻拘留和罚款，或者在法定处罚幅度内单处拘留；

（四）规定拘留可以并处罚款的，在拘留的法定处罚幅度以下减轻处罚；在拘留的法定处罚幅度以下无法再减轻处罚的，不予处罚。

《中华人民共和国预防未成年人犯罪法》

第四十一条 对有严重不良行为的未成年人，公安机关可以根据具体情况，采取以下矫治教育措施：

（一）予以训诫；

（二）责令赔礼道歉、赔偿损失；

（三）责令具结悔过；

（四）责令定期报告活动情况；

（五）责令遵守特定的行为规范，不得实施特定行为、接触特定人员或者进入特定场所；

（六）责令接受心理辅导、行为矫治；

（七）责令参加社会服务活动；

（八）责令接受社会观护，由社会组织、有关机构在适当场所对未成年人进行教育、监督和管束；

（九）其他适当的矫治教育措施。

典型案例 天津蓟州公安机关破获张某等"飙车炸街"案①

2023年7月13日,蓟州公安机关根据群众举报线索,成功破获一起"飙车炸街"案,抓获违法嫌疑人9名,根据询问线索,又抓获违法嫌疑人5名。经查,自6月21日以来,张某等14人多次在盘山景区等路段实施轰鸣疾驶等行为。目前,公安机关已依法对张某等8人予以行政拘留处罚,另对6名未成年人批评教育、责令家长加强监护。

高频问题 13 精神病人、智力残疾人违反治安管理的,如何处理?

精神病人、智力残疾人在不能辨认或者不能控制自己行为的时候违反治安管理的,不予处罚,但是应当责令其监护人加强看护管理和治疗。间歇性的精神病人在精神正常的时候违反治安管理的,应当给予处罚。尚未完全丧失辨认或者控制自己行为能力的精神病人、智力残疾人违反治安管理的,应当给予处罚,但是可以从轻或者减轻处罚。

---

① 参见《公安部公布打击整治"飙车炸街"典型案例》,载中华人民共和国公安部网站,https://www.mps.gov.cn/n2254098/n4904352/c9159325/content.html,最后访问时间:2025年6月28日。

高频问题 14 盲人或者又聋又哑的人违反治安管理的,如何处理?

盲人或者又聋又哑的人违反治安管理的,可以从轻、减轻或者不予处罚。

高频问题 15 醉酒的人违反治安管理的,如何处理?

醉酒的人违反治安管理的,应当给予处罚。

醉酒的人在醉酒状态中,对本人有危险或者对他人的人身、财产或者公共安全有威胁的,应当对其采取保护性措施约束至酒醒。

高频问题 16 单位违反治安管理的,如何处理?

单位违反治安管理的,对其直接负责的主管人员和其他直接责任人员依照《治安管理处罚法》的规定处罚。其他法律、行政法规对同一行为规定给予单位处罚的,依照其规定处罚。

高频问题 17 治安管理中适用正当防卫吗？

为了免受正在进行的不法侵害而采取的制止行为，造成损害的，不属于违反治安管理行为，不受处罚；制止行为明显超过必要限度，造成较大损害的，依法给予处罚，但是应当减轻处罚；情节较轻的，不予处罚。

关联配套规定

《公安机关执行〈中华人民共和国治安管理处罚法〉有关问题的解释（二）》
一、关于制止违反治安管理行为的法律责任问题
　　为了免受正在进行的违反治安管理行为的侵害而采取的制止违法侵害行为，不属于违反治安管理行为。但对事先挑拨、故意挑逗他人对自己进行侵害，然后以制止违法侵害为名对他人加以侵害的行为，以及互相斗殴的行为，应当予以治安管理处罚。

高频问题 18 违反治安管理有哪些情形的,从轻、减轻或者不予处罚?

违反治安管理有下列情形之一的,从轻、减轻或者不予处罚:(一)情节轻微的;(二)主动消除或者减轻违法后果的;(三)取得被侵害人谅解的;(四)出于他人胁迫或者诱骗的;(五)主动投案,向公安机关如实陈述自己的违法行为的;(六)有立功表现的。

高频问题 19 对违反治安管理行为人,何种情形下可以依法从宽处理?

违反治安管理行为人自愿向公安机关如实陈述自己的违法行为,承认违法事实,愿意接受处罚的,可以依法从宽处理。

高频问题 20 违反治安管理有哪些情形的,从重处罚?

违反治安管理有下列情形之一的,从重处罚:(一)有较严重后果的;(二)教唆、胁迫、诱骗他人违反治安管理的；（三）对报案人、控告人、举报人、证人打击报复的；（四）一年以内曾受过治安管理处罚的。

关联配套规定

《治安管理处罚法》

第十七条 共同违反治安管理的，根据行为人在违反治安管理行为中所起的作用，分别处罚。

教唆、胁迫、诱骗他人违反治安管理的，按照其教唆、胁迫、诱骗的行为处罚。

高频问题 21 违反治安管理行为人有哪些情形，应当给予行政拘留处罚的，不执行行政拘留处罚？哪些情形不受此规定的限制？

违反治安管理行为人有下列情形之一，依照《治安管理处罚法》应当给予行政拘留处罚的，不执行行政拘留处罚：（一）已满十四周岁不满十六周岁的；（二）已满十六周岁不满十八周岁，初次违反治安管理的；（三）七十周岁以上的；（四）怀孕或者哺乳自己不满一周岁婴儿的。

前述第一项、第二项、第三项规定的行为人违反治安管理情节严重、影响恶劣的，或者第一项、第三项规定的行为人在一年以内二次以上违反治安管理的，不受前述规定的限制。

> **关联配套规定**

《公安机关执行〈中华人民共和国治安管理处罚法〉有关问题的解释（二）》
五、关于"初次违反治安管理"的认定问题

《治安管理处罚法》第二十一条第二项①规定的"初次违反治安管理"，是指行为人的违反治安管理行为第一次被公安机关发现或者查处。但具有下列情形之一的，不属于"初次违反治安管理"：

（一）曾违反治安管理，虽未被公安机关发现或者查处，但仍在法定追究时效内的；

（二）曾因不满十六周岁违反治安管理，不执行行政拘留的；

（三）曾违反治安管理，经公安机关调解结案的；

---

① 现为《治安管理处罚法》第23条第1款第2项。

（四）曾被收容教养、劳动教养的；

（五）曾因实施扰乱公共秩序，妨害公共安全，侵犯人身权利、财产权利，妨害社会管理的行为被人民法院判处刑罚或者免除刑事处罚的。

高频问题 22 违反治安管理行为的追究时效是多久？何时起算？

违反治安管理行为在六个月以内没有被公安机关发现的，不再处罚。

前述规定的期限，从违反治安管理行为发生之日起计算；违反治安管理行为有连续或者继续状态的，从行为终了之日起计算。

第三章
扰乱公共秩序行为和相应治安管理处罚

高频问题 23 哪些扰乱单位、公共场所、公共交通或其他交通工具和选举秩序的行为将受到治安管理处罚？如何处罚？

有下列行为之一的，处警告或者五百元以下罚款；情节较重的，处五日以上十日以下拘留，可以并处一千元以下罚款：（一）扰乱机关、团体、企业、事业单位秩序，致使工作、生产、营业、医疗、教学、科研不能正常进行，尚未造成严重损失的；（二）扰乱车站、港口、码头、机场、商场、公园、展览馆或者其他公共场所秩序的；（三）扰乱公共汽车、电车、城市轨道交通车辆、火车、船舶、航空器或者其他公共交通工具上的秩序的；（四）非法拦截或者强登、扒乘机动车、船舶、航空器以及其他交通工具，影响交通工具正常行驶的；（五）破坏依法进行的选举秩序的。

聚众实施前述行为的，对首要分子处十日以上十五日以下拘留，可以并处二千元以下罚款。

高频问题 24 哪些扰乱考试秩序的行为将受到治安管理处罚？如何处罚？

在法律、行政法规规定的国家考试中，有下列行为之一，扰乱考试秩序的，处违法所得一倍以上五倍以下罚款，没有违法所得或者违法所得不足一千元的，处一千元以上三千元以下罚款；情节较重的，处五日以上十五日以下拘留：（一）组织作弊的；（二）为他人组织作弊提供作弊器材或者其他帮助的；（三）为实施考试作弊行为，向他人非法出售、提供考试试题、答案的；（四）代替他人或者让他人代替自己参加考试的。

关联配套规定

《中华人民共和国教育法》

第八十条　任何组织或者个人在国家教育考试中有下列行为之一，有违法所得的，由公安机关没收违法所得，并处违法所得一倍以上五倍以下罚款；情节严重的，处五日以上十五日以下拘留；构成犯罪的，依法追究刑事责任；属于国家机关工作人员的，还应当依法给予处分：

（一）组织作弊的；

（二）通过提供考试作弊器材等方式为作弊提供帮助或者便利的；

（三）代替他人参加考试的；

（四）在考试结束前泄露、传播考试试题或者答案的；

（五）其他扰乱考试秩序的行为。

高频问题 25 哪些扰乱体育、文化等大型群众性活动秩序的行为将受到治安管理处罚？如何处罚？

有下列行为之一，扰乱体育、文化等大型群众性活动秩序的，处警告或者五百元以下罚款；情节严重的，处五日以上十日以下拘留，可以并处一千元以下罚款：（一）强行进入场内的；（二）违反规定，在场内燃放烟花爆竹或者其他物品的；（三）展示侮辱性标语、条幅等物品的；（四）围攻裁判员、运动员或者其他工作人员的；（五）向场内投掷杂物，不听制止的；（六）扰乱大型群众性活动秩序的其他行为。

因扰乱体育比赛、文艺演出活动秩序被处以拘留处罚的,可以同时责令其六个月至一年以内不得进入体育场馆、演出场馆观看同类比赛、演出;违反规定进入体育场馆、演出场馆的,强行带离现场,可以处五日以下拘留或者一千元以下罚款。

高频问题 26 哪些故意散布谣言、投放虚假的危险物质、扬言实施危害公共安全犯罪扰乱公共秩序的行为将受到治安管理处罚?如何处罚?

有下列行为之一的,处五日以上十日以下拘留,可以并处一千元以下罚款;情节较轻的,处五日以下拘留或者一千元以下罚款:(一)故意散布谣言,谎报险情、疫情、灾情、警情或者以其他方法故意扰乱公共秩序的;(二)投放虚假的爆炸性、毒害性、放射性、腐蚀性物质或者传染病病原体等危险物质扰乱公共秩序的;(三)扬言实施放火、爆炸、投放危险物质等危害公共安全犯罪行为扰乱公共秩序的。

典型案例 湖南公安机关依法查处杨某某、曾某某编造"多名孩子被偷,疑似被贩卖器官"网络谣言案①

2023年5月,湖南杨某某、曾某某为博取关注,在网络平台编造发布"某某镇和某某镇连续丢失多名孩子,还有一个孩子刚被陌生人迷晕即被公安机关发现、抓获""这个团伙专偷7岁以上的孩子,可能是要人体器官,如肾脏什么的"谣言信息。该信息被大量转发,引发当地公众热议,扰乱社会公共秩序。湖南公安机关依法调查,杨某某、曾某某对违法行为供认不讳。目前,湖南公安机关已对杨某某、曾某某予以行政处罚,对其造谣网络账号采取关停措施。

高频问题 27 哪些寻衅滋事行为将受到治安管理处罚?如何处罚?

有下列行为之一的,处五日以上十日以下拘留或者一千元以下罚款;情节较重的,处十日以上十五日以下拘留,可以并处二千元以下罚款:(一)结伙斗殴或者随意殴打

---

① 参见《公安部公布网络谣言打击整治专项行动10起典型案例》,载中华人民共和国公安部网站,https://app.mps.gov.cn/gdnps/pc/content.jsp?id=9045590,最后访问时间:2025年6月28日。

他人的；（二）追逐、拦截他人的；（三）强拿硬要或者任意损毁、占用公私财物的；（四）其他无故侵扰他人、扰乱社会秩序的寻衅滋事行为。

高频问题 28 哪些利用邪教组织、会道门、迷信活动等扰乱社会秩序的行为将受到治安管理处罚？如何处罚？

  有下列行为之一的，处十日以上十五日以下拘留，可以并处二千元以下罚款；情节较轻的，处五日以上十日以下拘留，可以并处一千元以下罚款：（一）组织、教唆、胁迫、诱骗、煽动他人从事邪教活动、会道门活动、非法的宗教活动或者利用邪教组织、会道门、迷信活动，扰乱社会秩序、损害他人身体健康的；（二）冒用宗教、气功名义进行扰乱社会秩序、损害他人身体健康活动的；（三）制作、传播宣扬邪教、会道门内容的物品、信息、资料的。

高频问题 29 哪些违反国家规定，故意干扰无线电业务正常进行或擅自设置无线电台（站）等行为将受到治安管理处罚？如何处罚？

违反国家规定，有下列行为之一的，处五日以上十日以下拘留；情节严重的，处十日以上十五日以下拘留：（一）故意干扰无线电业务正常进行的；（二）对正常运行的无线电台（站）产生有害干扰，经有关主管部门指出后，拒不采取有效措施消除的；（三）未经批准设置无线电广播电台、通信基站等无线电台（站）的，或者非法使用、占用无线电频率，从事违法活动的。

关联配套规定

《中华人民共和国无线电管理条例》

第七十条 违反本条例规定，未经许可擅自使用无线电频率，或者擅自设置、使用无线电台（站）的，由无线电管理机构责令改正，没收从事违法活动的设备和违法所得，可以并处5万元以下的罚款；拒不改正的，并处5万元以上20万元以下的罚款；擅自设置、使用无线电台（站）从事诈骗等违法活动，尚不构成犯罪的，并处 20 万元以上 50 万元以下的罚款。

典型案例 浙江省宁波市某驾驶学校有限公司擅自使用无线电频率，擅自设置、使用无线电台（站）案[1]

2022 年 10 月，浙江省经济和信息化厅宁波市无线电管理局接宁波移动干扰投诉，称其宁波市海曙区段塘街道基站受不明信号干扰。10 月 18 日，宁波市无线电管理局组织对宁波市海曙区进行监测定位，在某继续教育学院主教学楼机房发现某汽车驾驶学校有限公司未经许可擅自使用无线电频率，擅自设置、使用 3 台手机信号屏蔽器，该屏蔽器用于防止网约车理论考试作弊，占用了公众移动通信多个频段，对其他合法无线电业务造成有害干扰。该行为违反了《中华人民共和国无线电管理条例》第 6 条、第 14 条、第 27 条规定。浙江省经济和信息化厅根据《中华人民共和国无线电管理条例》第 70 条规定及《〈中华人民共和国无线电管理条例〉浙江省行政处罚裁量基准》相关规定，对该公司作出"没收从事违法活动的设备，并处 30000 元罚款"的行政处罚。

---

[1] 参见《国家无线电办公室通报 2023 年度无线电管理行政执法典型案例》，载中华人民共和国工业和信息化部网站，https://wap.miit.gov.cn/xwdt/gxdt/sjdt/art/2024/art_4be8c49ded0b4b569fbc9588711ce02b.html，最后访问时间：2025 年 6 月 28 日。

高频问题 30 哪些违反国家规定侵入、破坏计算机信息系统的行为将受到治安管理处罚？如何处罚？

有下列行为之一，造成危害的，处五日以下拘留；情节较重的，处五日以上十五日以下拘留：（一）违反国家规定，侵入计算机信息系统或者采用其他技术手段，获取计算机信息系统中存储、处理或者传输的数据，或者对计算机信息系统实施非法控制的；（二）违反国家规定，对计算机信息系统功能进行删除、修改、增加、干扰的；（三）违反国家规定，对计算机信息系统中存储、处理、传输的数据和应用程序进行删除、修改、增加的；（四）故意制作、传播计算机病毒等破坏性程序的；（五）提供专门用于侵入、非法控制计算机信息系统的程序、工具，或者明知他人实施侵入、非法控制计算机信息系统的违法犯罪行为而为其提供程序、工具的。

高频问题 31 组织、领导传销活动或胁迫、诱骗他人参加传销活动的，如何处罚？

组织、领导传销活动的，处十日以上十五日以下拘留；情节较轻的，处五日以上十日以下拘留。

胁迫、诱骗他人参加传销活动的，处五日以上十日以下拘留；情节较重的，处十日以上十五日以下拘留。

关联配套规定

《中华人民共和国刑法》

第二百二十四条之一 组织、领导以推销商品、提供服务等经营活动为名，要求参加者以缴纳费用或者购买商品、服务等方式获得加入资格，并按照一定顺序组成层级，直接或者间接以发展人员的数量作为计酬或者返利依据，引诱、胁迫参加者继续发展他人参加，骗取财物，扰乱经济社会秩序的传销活动的，处五年以下有期徒刑或者拘役，并处罚金；情节严重的，处五年以上有期徒刑，并处罚金。

高频问题 32 哪些在国家举行庆祝、纪念等重要活动场所故意从事与活动主题、氛围相违背的行为，以及侵害英雄烈士名誉、荣誉的行为将受到治安管理处罚？如何处罚？

有下列行为之一的，处五日以上十日以下拘留或者一千元以上三千元以下罚款；情节较重的，处十日以上十五日以下拘留，可以并处五千元以下罚款：（一）在国家举行庆祝、纪念、缅怀、公祭等重要活动的场所及周边管控区域，故意从事与活动主题和氛围相违背的行为，不听劝阻，造成不良社会影响的；（二）在英雄烈士纪念设施保护范围内从事有损纪念英雄烈士环境和氛围的活动，不听劝阻的，或者侵占、破坏、污损英雄烈士纪念设施的；（三）以侮辱、诽谤或者其他方式侵害英雄烈士的姓名、肖像、名誉、荣誉，损害社会公共利益的；（四）亵渎、否定英雄烈士事迹和精神，或者制作、传播、散布宣扬、美化侵略战争、侵略行为的言论或者图片、音视频等物品，扰乱公共秩序的；（五）<u>在公共场所或者强制他人在公共场所穿着、佩戴宣扬、美化侵略战争、侵略行为的服饰、标志，不听劝阻，造成不良社会影响的</u>。

🔗 关联配套规定

《中华人民共和国英雄烈士保护法》

第二十二条　禁止歪曲、丑化、亵渎、否定英雄烈士事迹和精神。

英雄烈士的姓名、肖像、名誉、荣誉受法律保护。任何组织和个人不得在公共场所、互联网或者利用广播电视、电影、出版物等，以侮辱、诽谤或者其他方式侵害英雄烈士的姓名、肖像、名誉、荣誉。任何组织和个人不得将英雄烈士的姓名、肖像用于或者变相用于商标、商业广告，损害英雄烈士的名誉、荣誉。

公安、文化、新闻出版、广播电视、电影、网信、市场监督管理、负责英雄烈士保护工作的部门发现前款规定行为的，应当依法及时处理。

第二十六条　以侮辱、诽谤或者其他方式侵害英雄烈士的姓名、肖像、名誉、荣誉，损害社会公共利益的，依法承担民事责任；构成违反治安管理行为的，由公安机关依法给予治安管理处罚；构成犯罪的，依法追究刑事责任。

第四章
妨害公共安全行为和相应治安管理处罚

高频问题 33 违反国家规定，制造、买卖、储存、运输、邮寄、携带、使用、提供、处置危险物质的，如何处罚？

违反国家规定，制造、买卖、储存、运输、邮寄、携带、使用、提供、处置爆炸性、毒害性、放射性、腐蚀性物质或者传染病病原体等危险物质的，处十日以上十五日以下拘留；情节较轻的，处五日以上十日以下拘留。

高频问题 34 危险物质被盗、被抢或者丢失，未按规定报告或故意隐瞒不报的，如何处罚？

爆炸性、毒害性、放射性、腐蚀性物质或者传染病病原体等危险物质被盗、被抢或者丢失，未按规定报告的，处五日以下拘留；故意隐瞒不报的，处五日以上十日以下拘留。

高频问题 35 非法携带枪支、弹药或者弩、匕首等管制器具的，如何处罚？

非法携带枪支、弹药或者弩、匕首等国家规定的管制器具的，处五日以下拘留，可以并处一千元以下罚款；情节较轻的，处警告或者五百元以下罚款。

非法携带枪支、弹药或者弩、匕首等国家规定的管制器具进入公共场所或者公共交通工具的，处五日以上十日以下拘留，可以并处一千元以下罚款。

高频问题 36 哪些盗窃、损毁公共设施的行为将受到治安管理处罚？如何处罚？

有下列行为之一的，处十日以上十五日以下拘留；情节较轻的，处五日以下拘留：（一）盗窃、损毁油气管道设施、电力电信设施、广播电视设施、水利工程设施、公共供水设施、公路及附属设施或者水文监测、测量、气象测报、生态环境监测、地质监测、地震监测等公共设施，危及公共安全的；（二）移动、损毁国家边境的界碑、界桩以及其他边境标志、边境设施或者领土、领海基点标志设施的；（三）非法进行影响国（边）界线走向的活动或者修建有碍国（边）境管理的设施的。

高频问题 37 哪些妨害航空器飞行安全、干扰公共交通工具正常行驶的行为将受到治安管理处罚？如何处罚？

盗窃、损坏、擅自移动使用中的航空设施，或者强行进入航空器驾驶舱的，处十日以上十五日以下拘留。

在使用中的航空器上使用可能影响导航系统正常功能的器具、工具，不听劝阻的，处五日以下拘留或者一千元以下罚款。

盗窃、损坏、擅自移动使用中的其他公共交通工具设施、设备，或者以抢控驾驶操纵装置、拉扯、殴打驾驶人员等方式，干扰公共交通工具正常行驶的，处五日以下拘留或者一千元以下罚款；情节较重的，处五日以上十日以下拘留。

> **关联配套规定**

《中华人民共和国刑法》

第一百三十三条之二 对行驶中的公共交通工具的驾驶人员使用暴力或者抢控驾驶操纵装置，干扰公共交通工具正常行驶，危及公共安全的，处一年以下有期徒刑、拘役或者管制，并处或者单处罚金。

前款规定的驾驶人员在行驶的公共交通工具上擅离职守，与他人互殴或者殴打他人，危及公共安全的，依照前款的规定处罚。

有前两款行为，同时构成其他犯罪的，依照处罚较重的规定定罪处罚。

高频问题 38 哪些妨害铁路、城市轨道交通线路安全的行为将受到治安管理处罚？如何处罚？

有下列行为之一的，处五日以上十日以下拘留，可以并处一千元以下罚款；情节较轻的，处五日以下拘留或者一千元以下罚款：（一）盗窃、损毁、擅自移动铁路、城市轨道交通设施、设备、机车车辆配件或者安全标志的；（二）在铁路、城市轨道交通线路上放置障碍物，或者故意向列车投掷物品的；（三）在铁路、城市轨道交通线路、桥梁、隧道、涵洞处挖掘坑穴、采石取沙的；（四）在铁路、城市轨道交通线路上私设道口或者平交过道的。

高频问题 39 擅自进入铁路、城市轨道交通防护网等，影响行车安全的，如何处罚？

擅自进入铁路、城市轨道交通防护网或者火车、城市轨道交通列车来临时在铁路、城市轨道交通线路上行走坐卧，抢越铁路、城市轨道，影响行车安全的，处警告或者五百元以下罚款。

高频问题 40 哪些违规安装、使用电网，妨害公共道路安全，升放携带明火的升空物体，高空抛物行为将受到治安管理处罚？如何处罚？

有下列行为之一的，处五日以下拘留或者一千元以下罚款；情节严重的，处十日以上十五日以下拘留，可以并处一千元以下罚款：（一）未经批准，安装、使用电网的，或者安装、使用电网不符合安全规定的；（二）在车辆、行人通行的地方施工，对沟井坎穴不设覆盖物、防围和警示标志的，或者故意损毁、移动覆盖物、防围和警示标志的；（三）盗窃、损毁路面井盖、照明等公共设施的；（四）违反有关法律法规规定，升放携带明火的升空物体，有发生火灾事故危险，不听劝阻的；（五）从建筑物或者其他高空抛掷物品，有危害他人人身安全、公私财产安全或者公共安全危险的。

> **关联配套规定**
>
> 《中华人民共和国刑法》
> 　　第二百九十一条之二　从建筑物或者其他高空抛掷物品，情节严重的，处一年以下有期徒刑、拘役或者管制，并处或者单处罚金。
> 　　有前款行为，同时构成其他犯罪的，依照处罚较重的规定定罪处罚。

高频问题 41 举办大型群众性活动，违反有关规定，有发生安全事故危险，经公安机关责令改正而拒不改正或者无法改正的，如何处罚？

　　举办体育、文化等大型群众性活动，违反有关规定，有发生安全事故危险，经公安机关责令改正而拒不改正或者无法改正的，责令停止活动，立即疏散；对其直接负责的主管人员和其他直接责任人员处五日以上十日以下拘留，并处一千元以上三千元以下罚款；情节较重的，处十日以上十五日以下拘留，并处三千元以上五千元以下罚款，可以同时责令六个月至一年以内不得举办大型群众性活动。

高频问题 42 供社会公众活动的场所违反安全规定，致使该场所有发生安全事故危险，经公安机关责令改正而拒不改正的，如何处罚？

旅馆、饭店、影剧院、娱乐场、运动场馆、展览馆或者其他供社会公众活动的场所违反安全规定，致使该场所有发生安全事故危险，经公安机关责令改正而拒不改正的，对其直接负责的主管人员和其他直接责任人员处五日以下拘留；情节较重的，处五日以上十日以下拘留。

高频问题 43 哪些违反规定飞行民用无人驾驶航空器、航空运动器材或升放无人驾驶的升空物体行为将受到治安管理处罚？如何处罚？

违反有关法律法规关于飞行空域管理规定，飞行民用无人驾驶航空器、航空运动器材，或者升放无人驾驶自由气球、系留气球等升空物体，情节较重的，处五日以上十日以下拘留。

飞行、升放前述规定的物体非法穿越国（边）境的，处十日以上十五日以下拘留。

第五章
侵犯人身权利、财产权利行为和相应治安管理处罚

高频问题 44 对进行恐怖、残忍表演，强迫劳动，非法限制人身自由、侵入住宅或者搜查身体行为，如何处罚？

有下列行为之一的，处十日以上十五日以下拘留，并处一千元以上二千元以下罚款；情节较轻的，处五日以上十日以下拘留，并处一千元以下罚款：（一）组织、胁迫、诱骗不满十六周岁的人或者残疾人进行恐怖、残忍表演的；（二）以暴力、威胁或者其他手段强迫他人劳动的；（三）非法限制他人人身自由、非法侵入他人住宅或者非法搜查他人身体的。

高频问题 45 组织、胁迫未成年人在不适宜其活动的经营场所从事有偿陪侍活动，如何处罚？

组织、胁迫未成年人在不适宜未成年人活动的经营场所从事陪酒、陪唱等有偿陪侍活动的，处十日以上十五日以下拘留，并处五千元以下罚款；情节较轻的，处五日以下拘留或者五千元以下罚款。

高频问题 46 胁迫、诱骗或利用他人乞讨的和以滋扰他人的方式乞讨的，如何处罚？

胁迫、诱骗或者利用他人乞讨的，处十日以上十五日以下拘留，可以并处二千元以下罚款。

反复纠缠、强行讨要或者以其他滋扰他人的方式乞讨的，处五日以下拘留或者警告。

高频问题 47 对威胁他人人身安全、公然侮辱或诽谤他人等侵犯公民人身权利的行为，如何处罚？

有下列行为之一的，处五日以下拘留或者一千元以下罚款；情节较重的，处五日以上十日以下拘留，可以并处一千元以下罚款：（一）写恐吓信或者以其他方法威胁他人人身安全的；（二）公然侮辱他人或者捏造事实诽谤他人的；（三）捏造事实诬告陷害他人,企图使他人受到刑事追究或者受到治安管理处罚的;(四)对证人及其近亲属进行威胁、侮辱、殴打或者打击报复的;(五)多次发送淫秽、侮辱、恐吓等信息或者采取滋扰、纠缠、跟踪等方法,干扰他人正常生活的;(六)偷窥、偷拍、窃听、散布他人隐私的。

有前述第五项规定的滋扰、纠缠、跟踪行为的,除依照前述规定给予处罚外,经公安机关负责人批准,可以责令其一定期限内禁止接触被侵害人。对违反禁止接触规定的,处五日以上十日以下拘留,可以并处一千元以下罚款。

关联配套规定

《最高人民法院、最高人民检察院、公安部关于依法惩治网络暴力违法犯罪的指导意见》

7. 依法惩治网络暴力违法行为。实施网络侮辱、诽谤等网络暴力行为,尚不构成犯罪,符合治安管理处罚法等规定的,依法予以行政处罚。

典型案例 山东、河北公安机关侦办的盖某、徐某某涉嫌网络暴力案[①]

查明盖某（男，23岁，山东烟台人）于8月3日晚，编造所谓的《五问××》（内容主要为质问巴黎奥运会某项目冠军），徐某某（男，23岁，河北石家庄人）在网络社交平台公开发布，该文章在网络上大量扩散传播，造成不良社会影响。山东、河北公安机关分别对该2人予以行政处罚。

高频问题 48 对殴打他人或故意伤害他人身体的行为，如何处罚？

殴打他人的，或者故意伤害他人身体的，处五日以上十日以下拘留，并处五百元以上一千元以下罚款；情节较轻的，处五日以下拘留或者一千元以下罚款。

有下列情形之一的，处十日以上十五日以下拘留，并处一千元以上二千元以下罚款：（一）结伙殴打、伤害他人的；（二）殴打、伤害残疾人、孕妇、不满十四周岁的

[①] 参见《公安部公布4起打击整治涉体育领域"饭圈"违法犯罪典型案例》，载中华人民共和国公安部网站，https://www.mps.gov.cn/n2254098/n4904352/c9700940/content.html，最后访问时间：2025年6月28日。

人或者七十周岁以上的人的；（三）多次殴打、伤害他人或者一次殴打、伤害多人的。

高频问题 49 猥亵他人和在公共场所故意裸露身体隐私部位的，如何处罚？

猥亵他人的，处五日以上十日以下拘留；猥亵精神病人、智力残疾人、不满十四周岁的人或者有其他严重情节的，处十日以上十五日以下拘留。

在公共场所故意裸露身体隐私部位的，处警告或者五百元以下罚款；情节恶劣的，处五日以上十日以下拘留。

高频问题 50 对虐待家庭成员、被监护人、被看护人，遗弃被扶养人行为，如何处罚？

有下列行为之一的，处五日以下拘留或者警告；情节较重的，处五日以上十日以下拘留，可以并处一千元以下罚款：（一）虐待家庭成员，被虐待人或者其监护人要求处理的；（二）对未成年人、老年人、患病的人、残疾人等负有监护、看护职责的人虐待被监护、看护的人的;(三)遗弃没有独立生活能力的被扶养人的。

关联配套规定

《中华人民共和国刑法》

第二百六十条之一 对未成年人、老年人、患病的人、残疾人等负有监护、看护职责的人虐待被监护、看护的人,情节恶劣的,处三年以下有期徒刑或者拘役。

单位犯前款罪的,对单位判处罚金,并对其直接负责的主管人员和其他直接责任人员,依照前款的规定处罚。

有第一款行为,同时构成其他犯罪的,依照处罚较重的规定定罪处罚。

高频问题 51 对强买强卖、强迫服务行为,如何处罚?

强买强卖商品,强迫他人提供服务或者强迫他人接受服务的,处五日以上十日以下拘留,并处三千元以上五千元以下罚款;情节较轻的,处五日以下拘留或者一千元以下罚款。

高频问题 52 煽动民族仇恨、民族歧视或者在出版物、信息网络中刊载民族歧视、侮辱内容的，如何处罚？

煽动民族仇恨、民族歧视，或者在出版物、信息网络中刊载民族歧视、侮辱内容的，处十日以上十五日以下拘留，可以并处三千元以下罚款；情节较轻的，处五日以下拘留或者三千元以下罚款。

高频问题 53 违规向他人出售或者提供个人信息，窃取或者以其他方法非法获取个人信息的，如何处罚？

违反国家有关规定，向他人出售或者提供个人信息的，处十日以上十五日以下拘留；情节较轻的，处五日以下拘留。

窃取或者以其他方法非法获取个人信息的，依照前述规定处罚。

高频问题 54 对侵犯通信自由行为，如何处罚？

冒领、隐匿、毁弃、倒卖、私自开拆或者非法检查他人邮件、快件的，处警告或者一千元以下罚款；情节较重的，处五日以上十日以下拘留。

高频问题 55 对盗窃、诈骗、哄抢、抢夺、敲诈勒索行为，如何处罚？

盗窃、诈骗、哄抢、抢夺或者敲诈勒索的，处五日以上十日以下拘留或者二千元以下罚款；情节较重的，处十日以上十五日以下拘留，可以并处三千元以下罚款。

高频问题 56 故意损毁公私财物的，如何处罚？

故意损毁公私财物的，处五日以下拘留或者一千元以下罚款；情节较重的，处五日以上十日以下拘留，可以并处三千元以下罚款。

高频问题 57 以殴打、侮辱、恐吓等方式实施学生欺凌，违反治安管理的，如何处理？

以殴打、侮辱、恐吓等方式实施学生欺凌，违反治安管理的，公安机关应当依照《治安管理处罚法》《中华人民共和国预防未成年人犯罪法》的规定，给予治安管理处罚、采取相应矫治教育等措施。

关联配套规定

《中华人民共和国预防未成年人犯罪法》

第四十条 公安机关接到举报或者发现未成年人有严重不良行为的，应当及时制止，依法调查处理，并可以责令其父母或者其他监护人消除或者减轻违法后果，采取措施严加管教。

第四十一条 对有严重不良行为的未成年人，公安机关可以根据具体情况，采取以下矫治教育措施：

（一）予以训诫；

（二）责令赔礼道歉、赔偿损失；

（三）责令具结悔过；

（四）责令定期报告活动情况；

（五）责令遵守特定的行为规范，不得实施特定行为、接触特定人员或者进入特定场所；

（六）责令接受心理辅导、行为矫治；

（七）责令参加社会服务活动；

（八）责令接受社会观护，由社会组织、有关机构在适当场所对未成年人进行教育、监督和管束；

（九）其他适当的矫治教育措施。

高频问题 58 学校明知发生严重的学生欺凌或其他侵害未成年学生的犯罪，不按规定报告或者处置的，如何处理？

学校违反有关法律法规规定，明知发生严重的学生欺凌或者明知发生其他侵害未成年学生的犯罪，不按规定报告或者处置的，责令改正，对其直接负责的主管人员和其他直接责任人员，建议有关部门依法予以处分。

关联配套规定

《未成年人学校保护规定》

第二十三条　学校接到关于学生欺凌报告的，应当立即开展调查，认为可能构成欺凌的，应当及时提交学生欺凌治理组织认定和处置，并通知相关学生的家长参与欺凌行为的认定和处理。认定构成欺凌的，应当对实施或者参与欺凌行为的学生作出教育惩戒或者纪律处分，并对其家长提出加强管教的要求，必要时，可以由法治副校长、辅导员对学生及其家长进行训导、教育。

对违反治安管理或者涉嫌犯罪等严重欺凌行为，学校不得隐瞒，应当及时向公安机关、教育行政部门报告，并配合相关部门依法处理。

不同学校学生之间发生的学生欺凌事件，应当在主管教育行政部门的指导下建立联合调查机制，进行认定和处理。

第六章
妨害社会管理行为和相应治安管理处罚

高频问题 59 对拒不执行紧急状态下的决定、命令和阻碍依法执行职务、紧急任务等行为，如何处罚？

有下列行为之一的，处警告或者五百元以下罚款；情节严重的，处五日以上十日以下拘留，可以并处一千元以下罚款：(一) 拒不执行人民政府在紧急状态情况下依法发布的决定、命令的；(二) 阻碍国家机关工作人员依法执行职务的；(三) 阻碍执行紧急任务的消防车、救护车、工程抢险车、警车或者执行上述紧急任务的专用船舶通行的；(四) 强行冲闯公安机关设置的警戒带、警戒区或者检查点的。

阻碍人民警察依法执行职务的，从重处罚。

高频问题 60 对招摇撞骗行为，如何处罚？

冒充国家机关工作人员招摇撞骗的，处十日以上十五日以下拘留，可以并处一千元以下罚款；情节较轻的，处五日以上十日以下拘留。

冒充军警人员招摇撞骗的,从重处罚。

盗用、冒用个人、组织的身份、名义或者以其他虚假身份招摇撞骗的,处五日以下拘留或者一千元以下罚款;情节较重的,处五日以上十日以下拘留,可以并处一千元以下罚款。

高频问题 61 对伪造、变造或者买卖公文、证件、证明文件、印章等行为,如何处罚?

有下列行为之一的,处十日以上十五日以下拘留,可以并处五千元以下罚款;情节较轻的,处五日以上十日以下拘留,可以并处三千元以下罚款:(一)伪造、变造或者买卖国家机关、人民团体、企业、事业单位或者其他组织的公文、证件、证明文件、印章的;(二)出租、出借国家机关、人民团体、企业、事业单位或者其他组织的公文、证件、证明文件、印章供他人非法使用的;(三)买卖或者使用伪造、变造的国家机关、人民团体、企业、事业单位或者其他组织的公文、证件、证明文件、印章的;

(四)伪造、变造或者倒卖车票、船票、航空客票、文艺演出票、体育比赛入场券或者其他有价票证、凭证的;(五)伪造、变造船舶户牌,买卖或者使用伪造、变造的船舶户牌,或者涂改船舶发动机号码的。

高频问题 62 对船舶擅自进入、停靠禁、限入水域或岛屿行为,如何处罚?

船舶擅自进入、停靠国家禁止、限制进入的水域或者岛屿的,对船舶负责人及有关责任人员处一千元以上二千元以下罚款;情节严重的,处五日以下拘留,可以并处二千元以下罚款。

高频问题 63 违反规定以社会组织名义进行活动或未经许可,擅自经营需要由公安机关许可的行业的,如何处罚?

有下列行为之一的,处十日以上十五日以下拘留,可以并处五千元以下罚款;情节较轻的，处五日以上十日以下拘留或者一千元以上三千元以下罚款：（一）违反国家规定，未经注册登记，以社会团体、基金会、社会服务机构等社会组织名义进行活动，被取缔后，仍进行活动的；（二）被依法撤销登记或者吊销登记证书的社会团体、基金会、社会服务机构等社会组织，仍以原社会组织名义进行活动的；（三）未经许可，擅自经营按照国家规定需要由公安机关许可的行业的。

有前述第三项行为的，予以取缔。被取缔一年以内又实施的，处十日以上十五日以下拘留，并处三千元以上五千元以下罚款。

取得公安机关许可的经营者，违反国家有关管理规定，情节严重的，公安机关可以吊销许可证件。

高频问题 64 煽动、策划非法集会、游行、示威，不听劝阻的，如何处罚？

煽动、策划非法集会、游行、示威，不听劝阻的，处十日以上十五日以下拘留。

高频问题 65 对从事旅馆业经营活动不按规定登记住宿人员信息等行为，如何处罚？

从事旅馆业经营活动不按规定登记住宿人员姓名、有效身份证件种类和号码等信息的，或者为身份不明、拒绝登记身份信息的人提供住宿服务的，对其直接负责的主管人员和其他直接责任人员处五百元以上一千元以下罚款；情节较轻的，处警告或者五百元以下罚款。

实施前述行为，妨害反恐怖主义工作进行，违反《中华人民共和国反恐怖主义法》规定的，依照其规定处罚。

从事旅馆业经营活动有下列行为之一的，对其直接负责的主管人员和其他直接责任人员处一千元以上三千元以下罚款；情节严重的，处五日以下拘留，可以并处三千元以上五千元以下罚款：（一）明知住宿人员违反规定将危险物质带入住宿区域，不予制止的；（二）明知住宿人员是犯罪嫌疑人员或者被公安机关通缉的人员，不向公安机关报告的；（三）明知住宿人员利用旅馆实施犯罪活动，不向公安机关报告的。

高频问题 66 对不按规定出租房屋行为，如何处罚？

房屋出租人将房屋出租给身份不明、拒绝登记身份信息的人的，或者不按规定登记承租人姓名、有效身份证件种类和号码等信息的，处五百元以上一千元以下罚款；情节较轻的，处警告或者五百元以下罚款。

房屋出租人明知承租人利用出租房屋实施犯罪活动，不向公安机关报告的，处一千元以上三千元以下罚款；情节严重的，处五日以下拘留，可以并处三千元以上五千元以下罚款。

高频问题 67 娱乐场所和公章刻制、机动车修理、报废机动车回收行业经营者不依法登记信息的，如何处罚？

娱乐场所和公章刻制、机动车修理、报废机动车回收行业经营者违反法律法规关于要求登记信息的规定，不登记信息的，处警告；拒不改正或者造成后果的，对其直接负责的主管人员和其他直接责任人员处五日以下拘留或者三千元以下罚款。

关联配套规定

《娱乐场所治安管理办法》

第十九条 娱乐场所对从业人员应当实行实名登记制度,建立从业人员名簿,统一建档管理。

第二十二条 娱乐场所应当建立营业日志,由各岗位负责人及时登记填写并签名,专人负责保管。

营业日志应当详细记载从业人员的工作职责、工作内容、工作时间、工作地点及遇到的治安问题。

《机动车修理业、报废机动车回收业治安管理办法》

第七条 机动车修理企业和个体工商户承修机动车应如实登记下列项目:

(一)按照机动车行驶证项目登记送修车辆的号牌、车型、发动机号码、车架号码、厂牌型号、车身颜色;

(二)车主名称或姓名、送修人姓名和居民身份证号码或驾驶证号码;

(三)修理项目(事故车辆应详细登记修理部位);

(四)送修时间、收车人姓名。

高频问题 68 非法安装、使用、提供窃听、窃照专用器材的，如何处罚？

非法安装、使用、提供窃听、窃照专用器材的，处五日以下拘留或者一千元以上三千元以下罚款；情节较重的，处五日以上十日以下拘留，并处三千元以上五千元以下罚款。

高频问题 69 对违反规定承接典当、收购行为，如何处罚？

有下列行为之一的，处一千元以上三千元以下罚款；情节严重的，处五日以上十日以下拘留，并处一千元以上三千元以下罚款：（一）典当业工作人员承接典当的物品，不查验有关证明、不履行登记手续的，或者违反国家规定对明知是违法犯罪嫌疑人、赃物而不向公安机关报告的；（二）违反国家规定，收购铁路、油田、供电、电信、矿山、水利、测量和城市公用设施等废旧专用器材的；（三）收购公安机关通报寻查的赃物或者有赃物嫌疑的物品的；（四）收购国家禁止收购的其他物品的。

高频问题 70 对妨害执法秩序行为,如何处罚?

有下列行为之一的,处五日以上十日以下拘留,可以并处一千元以下罚款;情节较轻的,处警告或者一千元以下罚款:(一)隐藏、转移、变卖、擅自使用或者损毁行政执法机关依法扣押、查封、冻结、扣留、先行登记保存的财物的;(二)伪造、隐匿、毁灭证据或者提供虚假证言、谎报案情,影响行政执法机关依法办案的;(三)明知是赃物而窝藏、转移或者代为销售的;(四)被依法执行管制、剥夺政治权利或者在缓刑、暂予监外执行中的罪犯或者被依法采取刑事强制措施的人,有违反法律、行政法规或者国务院有关部门的监督管理规定的行为的。

高频问题 71 对违反刑事判决中的禁止令或者职业禁止决定，拒不执行禁止家庭暴力告诫书、禁止性骚扰告诫书，违反监察工作、刑事诉讼中禁止接触证人、鉴定人、被害人及其近亲属保护措施行为，如何处罚？

有下列行为之一的，处警告或者一千元以下罚款；情节较重的，处五日以上十日以下拘留，可以并处一千元以下罚款：（一）违反人民法院刑事判决中的禁止令或者职业禁止决定的；（二）拒不执行公安机关依照《中华人民共和国反家庭暴力法》、《中华人民共和国妇女权益保障法》出具的禁止家庭暴力告诫书、禁止性骚扰告诫书的；（三）违反监察机关在监察工作中、司法机关在刑事诉讼中依法采取的禁止接触证人、鉴定人、被害人及其近亲属保护措施的。

高频问题 72 依法被关押的违法行为人脱逃的，如何处罚？

依法被关押的违法行为人脱逃的，处十日以上十五日以下拘留；情节较轻的，处五日以上十日以下拘留。

高频问题 73 对故意损坏国家保护的文物等行为，如何处罚？

有下列行为之一的，处警告或者五百元以下罚款；情节较重的，处五日以上十日以下拘留，并处五百元以上一千元以下罚款：（一）刻划、涂污或者以其他方式故意损坏国家保护的文物、名胜古迹的；（二）违反国家规定，在文物保护单位附近进行爆破、钻探、挖掘等活动，危及文物安全的。

高频问题 74 对非法驾驶交通工具行为，如何处罚？

有下列行为之一的，处一千元以上二千元以下罚款；情节严重的，处十日以上十五日以下拘留，可以并处二千元以下罚款：（一）偷开他人机动车的；（二）未取得驾驶证驾驶或者偷开他人航空器、机动船舶的。

高频问题 75 对故意损坏他人坟墓、尸骨、骨灰和乱停放尸体行为，如何处罚？

有下列行为之一的，处五日以上十日以下拘留；情节严重的，处十日以上十五日以下拘留，可以并处二千元以下罚款：（一）故意破坏、污损他人坟墓或者毁坏、丢弃他人尸骨、骨灰的；（二）在公共场所停放尸体或者因停放尸体影响他人正常生活、工作秩序，不听劝阻的。

高频问题 76 对卖淫、嫖娼行为，如何处罚？

卖淫、嫖娼的，处十日以上十五日以下拘留，可以并处五千元以下罚款；情节较轻的，处五日以下拘留或者一千元以下罚款。

在公共场所拉客招嫖的，处五日以下拘留或者一千元以下罚款。

高频问题 77 对引诱、容留、介绍卖淫行为，如何处罚？

引诱、容留、介绍他人卖淫的，处十日以上十五日以下拘留，可以并处五千元以下罚款；情节较轻的，处五日以下拘留或者一千元以上二千元以下罚款。

高频问题 78 对制作、运输、复制、出售、出租淫秽物品或传播淫秽信息行为，如何处罚？

制作、运输、复制、出售、出租淫秽的书刊、图片、影片、音像制品等淫秽物品或者利用信息网络、电话以及其他通讯工具传播淫秽信息的，处十日以上十五日以下拘留，可以并处五千元以下罚款；情节较轻的，处五日以下拘留或者一千元以上三千元以下罚款。

前述淫秽物品或者淫秽信息中涉及未成年人的，从重处罚。

关联配套规定

《公安部关于对出售带有淫秽内容的文物的行为可否予以治安管理处罚问题的批复》

北京市公安局：

你局《关于对出售带有淫秽内容的文物的行为可否予以治安处罚的请示》（京公法字〔2010〕500号）收悉。现批复如下：

公安机关查获的带有淫秽内容的物品可能是文物的，应当依照《中华人民共和国文物保护法》等有关规定进行文物认定。经文物行政部门认定为文物的，不得对合法出售文物的行为予以治安管理处罚。

高频问题 79 对组织、参与淫秽活动行为，如何处罚？

有下列行为之一的，处十日以上十五日以下拘留，并处一千元以上二千元以下罚款：（一）组织播放淫秽音像的；（二）组织或者进行淫秽表演的；（三）参与聚众淫乱活动的。

明知他人从事前述活动，为其提供条件的，依照前述的规定处罚。

组织未成年人从事前述活动的，从重处罚。

高频问题 80 以营利为目的，为赌博提供条件，或参与赌博赌资较大的，如何处罚？

以营利为目的，为赌博提供条件的，或者参与赌博赌资较大的，处五日以下拘留或者一千元以下罚款；情节严重的，处十日以上十五日以下拘留，并处一千元以上五千元以下罚款。

典型案例 山西省晋城市公安局侦办的"1·31"开设赌场案[①]

2023年1月，山西晋城公安机关根据工作掌握的线索，成功打掉一个跨区域流动开设赌场团伙，抓获违法犯罪嫌疑人36人，涉案金额170余万元。经查，刘某旦团伙在晋

---

① 参见《公安部发布"清风2023"专项行动十大典型案例》，载人民网，http://society.people.com.cn/n1/2023/0531/c1008-40003173.html，最后访问时间：2025年6月28日。

城市多个乡镇租赁民宅院落流动开设赌场，组织招揽周边村民参赌。该案10名犯罪嫌疑人被依法采取刑事强制措施，治安处罚26人。

高频问题 81　对毒品原植物相关违法行为，如何处罚？

有下列行为之一的，处十日以上十五日以下拘留，可以并处五千元以下罚款；情节较轻的，处五日以下拘留或者一千元以下罚款：（一）非法种植罂粟不满五百株或者其他少量毒品原植物的；（二）非法买卖、运输、携带、持有少量未经灭活的罂粟等毒品原植物种子或者幼苗的；（三）非法运输、买卖、储存、使用少量罂粟壳的。

有前述第一项行为，在成熟前自行铲除的，不予处罚。

高频问题 82　对毒品相关违法行为，如何处罚？

有下列行为之一的，处十日以上十五日以下拘留，可以并处三千元以下罚款；情节较轻的，处五日以下拘留或者一千元以下罚款：（一）非法持有鸦片不满二百克、海洛因或者甲基苯丙胺不满十克或者其他少量毒品的；（二）向他人提供毒品的；（三）吸食、注射毒品的；（四）胁迫、欺骗医务人员开具麻醉药品、精神药品的。

聚众、组织吸食、注射毒品的，对首要分子、组织者依照前述规定从重处罚。

吸食、注射毒品的，可以同时责令其六个月至一年以内不得进入娱乐场所、不得擅自接触涉及毒品违法犯罪人员。违反规定的，处五日以下拘留或者一千元以下罚款。

高频问题 83 对引诱、教唆、欺骗、强迫、容留他人吸食、注射毒品或介绍买卖毒品行为，如何处罚？

引诱、教唆、欺骗或者强迫他人吸食、注射毒品的，处十日以上十五日以下拘留，并处一千元以上五千元以下罚款。

容留他人吸食、注射毒品或者介绍买卖毒品的，处十日以上十五日以下拘留，可以并处三千元以下罚款；情节较轻的，处五日以下拘留或者一千元以下罚款。

高频问题 84 非法生产、经营、购买、运输用于制造毒品的原料、配剂的，如何处罚？

违反国家规定，非法生产、经营、购买、运输用于制造毒品的原料、配剂的，处十日以上十五日以下拘留；情节较轻的，处五日以上十日以下拘留。

关联配套规定

《易制毒化学品管理条例》

第三十八条 违反本条例规定，未经许可或者备案擅自生产、经营、购买、运输易制毒化学品，伪造申请材料骗取易制毒化学品生产、经营、购买或者运输许可证，使用他人的或者伪造、变造、失效的许可证生产、经营、购买、运输易制毒化学品的，由公安机关没收非法生产、经营、购买或者运输的易制毒化学品、用于非法生产易制毒化学品的原料以及非法生产、经营、购买或者运输易制毒化学品的设备、工具，处非法生产、经营、购买或者运输的易制毒化学品货值10倍以上20倍以下的罚款，货值的20倍不足1万元的，按1万元罚款；有违法所得的，没收违法所得；有营业执照的，由市场监督管理部门吊销营业执照；构成犯罪的，依法追究刑事责任。

对有前款规定违法行为的单位或者个人，有关行政主管部门可以自作出行政处罚决定之日起 3 年内，停止受理其易制毒化学品生产、经营、购买、运输或者进口、出口许可申请。

高频问题 85 对旅馆业、饮食服务业、文化娱乐业、出租汽车业等单位的人员为违法犯罪行为人通风报信或为其活动提供条件的行为，如何处罚？

旅馆业、饮食服务业、文化娱乐业、出租汽车业等单位的人员，在公安机关查处吸毒、赌博、卖淫、嫖娼活动时，为违法犯罪行为人通风报信的，或者以其他方式为上述活动提供条件的，处十日以上十五日以下拘留；情节较轻的，处五日以下拘留或者一千元以上二千元以下罚款。

高频问题 86 对违反规定，产生社会生活噪声不听劝阻继续干扰他人的行为，如何处罚？

违反关于社会生活噪声污染防治的法律法规规定，产生社会生活噪声，经基层群众性自治组织、业主委员会、物业服务人、有关部门依法劝阻、调解和处理未能制止，继续干扰他人正常生活、工作和学习的，处五日以下拘留或者一千元以下罚款；情节严重的，处五日以上十日以下拘留，并处一千元以下罚款。

关联配套规定

《中华人民共和国噪声污染防治法》

第五十九条　本法所称社会生活噪声，是指人为活动产生的除工业噪声、建筑施工噪声和交通运输噪声之外的干扰周围生活环境的声音。

第六十条　全社会应当增强噪声污染防治意识，自觉减少社会生活噪声排放，积极开展噪声污染防治活动，形成人人有责、人人参与、人人受益的良好噪声污染防治氛围，共同维护生活环境和谐安宁。

第六十九条　基层群众性自治组织指导业主委员会、物业服务人、业主通过制定管理规约或者其他形式，约定本物业管理区域噪声污染防治要求，由业主共同遵守。

第七十条　对噪声敏感建筑物集中区域的社会生活噪声扰民行为，基层群众性自治组织、业主委员会、物业服务人应当及时劝阻、调解；劝阻、调解无效的，可以向负有社会生活噪声污染防治监督管理职责的部门或者地方人民政府指定的部门报告或者投诉；接到报告或者投诉的部门应当依法处理。

高频问题 87　对饲养动物干扰他人正常生活或未对动物采取安全措施致使动物伤害他人等行为，如何处罚？

饲养动物，干扰他人正常生活的，处警告；警告后不改正的，或者放任动物恐吓他人的，处一千元以下罚款。

违反有关法律、法规、规章规定，出售、饲养烈性犬等危险动物的，处警告；警告后不改正的，或者致使动物伤害他人的，处五日以下拘留或者一千元以下罚款；情节较重的，处五日以上十日以下拘留。

未对动物采取安全措施，致使动物伤害他人的，处一千元以下罚款；情节较重的，处五日以上十日以下拘留。

驱使动物伤害他人的，依照《治安管理处罚法》第五十一条的规定处罚。

第七章
治安管理处罚程序与执法监督

高频问题 88 公安机关认为不属于违反治安管理行为的，应当如何处理？

公安机关对报案、控告、举报或者违反治安管理行为人主动投案，以及其他国家机关移送的违反治安管理案件，应当立即立案并进行调查；认为不属于违反治安管理行为的，应当告知报案人、控告人、举报人、投案人，并说明理由。

高频问题 89 对治安案件调查中的证据收集等，有哪些程序规定？

公安机关及其人民警察对治安案件的调查，应当依法进行。严禁刑讯逼供或者采用威胁、引诱、欺骗等非法手段收集证据。以非法手段收集的证据不得作为处罚的根据。

公安机关办理治安案件，有权向有关单位和个人收集、调取证据。有关单位和个人应当如实提供证据。公安机关向有关单位和个人收集、调取证据时，应当告知其必须如实提供证据，以及伪造、隐匿、毁灭证据或者提供虚假证言应当承担的法律责任。

在办理刑事案件过程中以及其他执法办案机关在移送案件前依法收集的物证、书证、视听资料、电子数据等证据材料，可以作为治安案件的证据使用。

高频问题 90 人民警察办理治安案件过程中，遇有哪些情形应当回避？

人民警察在办理治安案件过程中，遇有下列情形之一的，应当回避；违反治安管理行为人、被侵害人或者其法定代理人也有权要求他们回避：（一）是本案当事人或者当事人的近亲属的；（二）本人或者其近亲属与本案有利害关系的；（三）与本案当事人有其他关系，可能影响案件公正处理的。

人民警察的回避，由其所属的公安机关决定；公安机关负责人的回避，由上一级公安机关决定。

高频问题 91 传唤违反治安管理行为人接受调查，有哪些程序规定？

需要传唤违反治安管理行为人接受调查的，经公安机关办案部门负责人批准，使用传唤证传唤。对现场发现的违反治安管理行为人，人民警察经出示人民警察证，可以口头传唤，但应当在询问笔录中注明。公安机关应当将传唤的原因和依据告知被传唤人。对无正当理由不接受传唤或者逃避传唤的人，经公安机关办案部门负责人批准，可以强制传唤。

对违反治安管理行为人，公安机关传唤后应当及时询问查证，询问查证的时间不得超过八小时；涉案人数众多、违反治安管理行为人身份不明的，询问查证的时间不得超过十二小时；情况复杂，依照《治安管理处罚法》规定可能适用行政拘留处罚的，询问查证的时间不得超过二十四小时。在执法办案场所询问违反治安管理行为人，应当全程同步录音录像。公安机关应当及时将传唤的原因和处所通知被传唤人家属。询问查证期间，公安机关应当保证违反治安管理行为人的饮食、必要的休息时间等正当需求。

高频问题 92 治安案件调查中的询问，有哪些程序规定？

询问笔录应当交被询问人核对；对没有阅读能力的，应当向其宣读。记载有遗漏或者差错的，被询问人可以提出补充或者更正。被询问人确认笔录无误后，应当签名、盖章或者按指印，询问的人民警察也应当在笔录上签名。被询问人要求就被询问事项自行提供书面材料的，应当准许；必要时，人民警察也可以要求被询问人自行书写。询问不满十八周岁的违反治安管理行为人，应当通知其父母或者其他监护人到场；其父母或者其他监护人不能到场的，也可以通知其他成年亲属，所在学校、单位、居住地基层组织或者未成年人保护组织的代表等合适成年人到场，并将有关情况记录在案。确实无法通知或者通知后未到场的，应当在笔录中注明。

人民警察询问被侵害人或者其他证人，可以在现场进行，也可以到其所在单位、住处或者其提出的地点进行；必要时，也可以通知其到公安机关提供证言。人民警察在公安机关以外询问被侵害人或者其他证人，应当出示人民警察证。询问被侵害人或者其他证人，同时适用前述规定。

违反治安管理行为人、被侵害人或者其他证人在异地的，公安机关可以委托异地公安机关代为询问，也可以通过公安机关的视频系统远程询问。通过远程视频方式询问的，应当向被询问人宣读询问笔录，被询问人确认笔录无误后，询问的人民警察应当在笔录上注明。询问和宣读过程应当全程同步录音录像。

询问聋哑的违反治安管理行为人、被侵害人或者其他证人，应当有通晓手语等交流方式的人提供帮助，并在笔录上注明。询问不通晓当地通用的语言文字的违反治安管理行为人、被侵害人或者其他证人，应当配备翻译人员，并在笔录上注明。

高频问题 93 治安案件调查中的检查，有哪些程序规定？

为了查明案件事实，确定违反治安管理行为人、被侵害人的某些特征、伤害情况或者生理状态，需要对其人身进行检查，提取或者采集肖像、指纹信息和血液、尿液等生物样本的，经公安机关办案部门负责人批准后进行。对已经提取、采集的信息或者样本，不得重复提取、采集。提取或者采集被侵害人的信息或者样本，应当征得被侵害人或者其监护人同意。

公安机关对与违反治安管理行为有关的场所或者违反治安管理行为人的人身、物品可以进行检查。检查时，人民警察不得少于二人，并应当出示人民警察证。对场所进行检查的,经县级以上人民政府公安机关负责人批准,使用检查证检查;对确有必要立即进行检查的,人民警察经出示人民警察证,可以当场检查,并应当全程同步录音录像。检查公民住所应当出示县级以上人民政府公安机关开具的检查证。检查妇女的身体,应当由女性工作人员或者医师进行。

检查的情况应当制作检查笔录,由检查人、被检查人和见证人签名、盖章或者按指印;被检查人不在场或者被检查人、见证人拒绝签名的,人民警察应当在笔录上注明。

高频问题 94 治安案件调查中的扣押,有哪些程序规定?

公安机关办理治安案件,对与案件有关的需要作为证据的物品,可以扣押;对被侵害人或者善意第三人合法占有的财产,不得扣押,应当予以登记,但是对其中与案件有关的必须鉴定的物品,可以扣押,鉴定后应当立即解除。对与案件无关的物品,不得扣押。

对扣押的物品,应当会同在场见证人和被扣押物品持有人查点清楚,当场开列清单一式二份，由调查人员、见证人和持有人签名或者盖章，一份交给持有人，另一份附卷备查。

实施扣押前应当报经公安机关负责人批准；因情况紧急或者物品价值不大，当场实施扣押的，人民警察应当及时向其所属公安机关负责人报告，并补办批准手续。公安机关负责人认为不应当扣押的，应当立即解除。当场实施扣押的，应当全程同步录音录像。

对扣押的物品，应当妥善保管，不得挪作他用；对不宜长期保存的物品，按照有关规定处理。经查明与案件无关或者经核实属于被侵害人或者他人合法财产的，应当登记后立即退还；满六个月无人对该财产主张权利或者无法查清权利人的，应当公开拍卖或者按照国家有关规定处理，所得款项上缴国库。

高频问题 95 治安管理处罚由哪个机关决定？

治安管理处罚由县级以上地方人民政府公安机关决定；其中警告、一千元以下的罚款，可以由公安派出所决定。

高频问题 96 公安机关查处治安案件，作出治安管理处罚决定有何证据要求？

公安机关查处治安案件，对没有本人陈述，但其他证据能够证明案件事实的，可以作出治安管理处罚决定。但是，只有本人陈述，没有其他证据证明的，不能作出治安管理处罚决定。

高频问题 97 公安机关作出治安管理处罚决定前，违反治安管理行为人有陈述、申辩的权利吗？

公安机关作出治安管理处罚决定前，应当告知违反治安管理行为人拟作出治安管理处罚的内容及事实、理由、依据，并告知违反治安管理行为人依法享有的权利。

违反治安管理行为人有权陈述和申辩。公安机关必须充分听取违反治安管理行为人的意见，对违反治安管理行为人提出的事实、理由和证据，应当进行复核；违反治安管理行为人提出的事实、理由或者证据成立的，公安机关应当采纳。

违反治安管理行为人不满十八周岁的，还应当依照前述规定告知未成年人的父母或者其他监护人，充分听取其意见。

公安机关不得因违反治安管理行为人的陈述、申辩而加重其处罚。

高频问题 98 治安案件调查结束后应当如何处理？

治安案件调查结束后，公安机关应当根据不同情况，分别作出以下处理：（一）确有依法应当给予治安管理处罚的违法行为的，根据情节轻重及具体情况，作出处罚决定；（二）依法不予处罚的，或者违法事实不能成立的，作出不予处罚决定；（三）违法行为已涉嫌犯罪的，移送有关主管机关依法追究刑事责任；（四）发现违反治安管理行为人有其他违法行为的，在对违反治安管理行为作出处罚决定的同时，通知或者移送有关主管机关处理。

对情节复杂或者重大违法行为给予治安管理处罚，公安机关负责人应当集体讨论决定。

高频问题 99 哪些情形下,在公安机关作出治安管理处罚决定之前,应当进行法制审核?

有下列情形之一的,在公安机关作出治安管理处罚决定之前,应当由从事治安管理处罚决定法制审核的人员进行法制审核;未经法制审核或者审核未通过的,不得作出决定:(一)涉及重大公共利益的;(二)直接关系当事人或者第三人重大权益,经过听证程序的;(三)案件情况疑难复杂、涉及多个法律关系的。

公安机关中初次从事治安管理处罚决定法制审核的人员,应当通过国家统一法律职业资格考试取得法律职业资格。

高频问题 100 治安管理处罚决定书应当载明哪些内容?如何送达?

公安机关作出治安管理处罚决定的,应当制作治安管理处罚决定书。决定书应当载明下列内容:(一)被处罚人的姓名、性别、年龄、身份证件的名称和号码、住址;

(二)违法事实和证据;(三)处罚的种类和依据;(四)处罚的执行方式和期限;(五)对处罚决定不服,申请行政复议、提起行政诉讼的途径和期限;(六)作出处罚决定的公安机关的名称和作出决定的日期。决定书应当由作出处罚决定的公安机关加盖印章。

公安机关应当向被处罚人宣告治安管理处罚决定书,并当场交付被处罚人;无法当场向被处罚人宣告的,应当在二日以内送达被处罚人。决定给予行政拘留处罚的,应当及时通知被处罚人的家属。有被侵害人的,公安机关应当将决定书送达被侵害人。

高频问题 101 违反治安管理行为人有要求举行听证的权利吗?

公安机关作出吊销许可证件、处四千元以上罚款的治安管理处罚决定或者采取责令停业整顿措施前,应当告知违反治安管理行为人有权要求举行听证;违反治安管理行为人要求听证的,公安机关应当及时依法举行听证。

依照《治安管理处罚法》第二十三条第二款规定可能执行行政拘留的未成年人,

公安机关应当告知未成年人和其监护人有权要求举行听证；未成年人和其监护人要求听证的，公安机关应当及时依法举行听证。对未成年人案件的听证不公开举行。

前述规定以外的案情复杂或者具有重大社会影响的案件，违反治安管理行为人要求听证，公安机关认为必要的，应当及时依法举行听证。

公安机关不得因违反治安管理行为人要求听证而加重其处罚。

高频问题 102 公安机关办理治安案件的期限是多久？

公安机关办理治安案件的期限，自立案之日起不得超过三十日；案情重大、复杂的，经上一级公安机关批准，可以延长三十日。期限延长以二次为限。公安派出所办理的案件需要延长期限的，由所属公安机关批准。

为了查明案情进行鉴定的期间、听证的期间，不计入办理治安案件的期限。

高频问题 103 何种情形下可以当场作出治安管理处罚决定？当场处罚的，有哪些程序规定？

违反治安管理行为事实清楚，证据确凿，处警告或者五百元以下罚款的，可以当场作出治安管理处罚决定。

当场作出治安管理处罚决定的，人民警察应当向违反治安管理行为人出示人民警察证，并填写处罚决定书。处罚决定书应当当场交付被处罚人；有被侵害人的，并应当将决定书送达被侵害人。前述规定的处罚决定书，应当载明被处罚人的姓名、违法行为、处罚依据、罚款数额、时间、地点以及公安机关名称，并由经办的人民警察签名或者盖章。适用当场处罚，被处罚人对拟作出治安管理处罚的内容及事实、理由、依据没有异议的，可以由一名人民警察作出治安管理处罚决定，并应当全程同步录音录像。当场作出治安管理处罚决定的，经办的人民警察应当在二十四小时以内报所属公安机关备案。

高频问题 104 被处罚人、被侵害人对治安管理处罚决定，作出的收缴、追缴决定，或者采取的有关措施不服的，可以怎么做？

被处罚人、被侵害人对公安机关依照《治安管理处罚法》规定作出的治安管理处罚决定，作出的收缴、追缴决定，或者采取的有关限制性、禁止性措施等不服的，<u>可以依法申请行政复议或者提起行政诉讼</u>。

关联配套规定

《公安机关执行〈中华人民共和国治安管理处罚法〉有关问题的解释》

十四、关于治安行政诉讼案件的出庭应诉问题。《治安管理处罚法》取消了行政复议前置程序。被处罚人对治安管理处罚决定不服的，既可以申请行政复议，也可以直接提起行政诉讼。对未经行政复议和经行政复议决定维持原处罚决定的行政诉讼案件，由作出处罚决定的公安机关负责人和原办案部门的承办民警出庭应诉；对经行政复议决定撤销、变更原处罚决定或者责令被申请人重新作出具体行政行为的行政诉讼案件，由行政复议机关负责人和行政复议机构的承办民警出庭应诉。

《公安机关执行〈中华人民共和国治安管理处罚法〉有关问题的解释（二）》

十一、关于被侵害人是否有权申请行政复议问题

根据《中华人民共和国行政复议法》第二条的规定，治安案件的被侵害人认为公安机关依据《治安管理处罚法》作出的具体行政行为侵犯其合法权益的，可以依法申请行政复议。

《中华人民共和国行政复议法》

第二条　公民、法人或者其他组织认为行政机关的行政行为侵犯其合法权益，向行政复议机关提出行政复议申请，行政复议机关办理行政复议案件，适用本法。

前款所称行政行为，包括法律、法规、规章授权的组织的行政行为。

高频问题 105 行政拘留处罚如何执行？

对被决定给予行政拘留处罚的人，由作出决定的公安机关送拘留所执行；执行期满，拘留所应当按时解除拘留，发给解除拘留证明书。

被决定给予行政拘留处罚的人在异地被抓获或者有其他有必要在异地拘留所执行情

形的，经异地拘留所主管公安机关批准，可以在异地执行。

高频问题 106 哪些情形下人民警察可以当场收缴罚款？当场收缴罚款的，有哪些程序规定？

受到罚款处罚的人应当自收到处罚决定书之日起十五日以内，到指定的银行或者通过电子支付系统缴纳罚款。但是，有下列情形之一的，人民警察可以当场收缴罚款：（一）被处二百元以下罚款，被处罚人对罚款无异议的；（二）在边远、水上、交通不便地区，旅客列车上或者口岸，公安机关及其人民警察依照《治安管理处罚法》的规定作出罚款决定后，被处罚人到指定的银行或者通过电子支付系统缴纳罚款确有困难，经被处罚人提出的；（三）被处罚人在当地没有固定住所，不当场收缴事后难以执行的。

人民警察当场收缴的罚款，应当自收缴罚款之日起二日以内，交至所属的公安机关；在水上、旅客列车上当场收缴的罚款，应当自抵岸或者到站之日起二日以内，交至所属的公安机关；公安机关应当自收到罚款之日起二日以内将罚款缴付指定的银行。

人民警察当场收缴罚款的，应当向被处罚人出具省级以上人民政府财政部门统一制发的专用票据；不出具统一制发的专用票据的，被处罚人有权拒绝缴纳罚款。

高频问题 107 遇有哪些情形的，被处罚人可以向公安机关提出暂缓执行行政拘留的申请？

被处罚人不服行政拘留处罚决定，申请行政复议、提起行政诉讼的，遇有参加升学考试、子女出生或者近亲属病危、死亡等情形的，可以向公安机关提出暂缓执行行政拘留的申请。公安机关认为暂缓执行行政拘留不致发生社会危险的，由被处罚人或者其近亲属提出符合《治安管理处罚法》规定条件的担保人，或者按每日行政拘留二百元的标准交纳保证金，行政拘留的处罚决定暂缓执行。

正在被执行行政拘留处罚的人遇有参加升学考试、子女出生或者近亲属病危、死亡等情形，被拘留人或者其近亲属申请出所的，由公安机关依照前述规定执行。被拘留人出所的时间不计入拘留期限。

关联配套规定

《治安管理处罚法》

第一百二十七条　担保人应当符合下列条件：

（一）与本案无牵连；

（二）享有政治权利，人身自由未受到限制；

（三）在当地有常住户口和固定住所；

（四）有能力履行担保义务。

第一百二十八条　担保人应当保证被担保人不逃避行政拘留处罚的执行。

担保人不履行担保义务，致使被担保人逃避行政拘留处罚的执行的，处三千元以下罚款。

第一百二十九条　被决定给予行政拘留处罚的人交纳保证金，暂缓行政拘留或者出所后，逃避行政拘留处罚的执行的，保证金予以没收并上缴国库，已经作出的行政拘留决定仍应执行。

第一百三十条 行政拘留的处罚决定被撤销，行政拘留处罚开始执行，或者出所后继续执行的，公安机关收取的保证金应当及时退还交纳人。

高频问题 108 如果发现公安机关及其人民警察办理治安案件有不严格执法或违法违纪行为的，怎么办？

公安机关及其人民警察办理治安案件，应当自觉接受社会和公民的监督。公安机关及其人民警察办理治安案件，不严格执法或者有违法违纪行为的，任何单位和个人都有权向公安机关或者人民检察院、监察机关检举、控告；收到检举、控告的机关，应当依据职责及时处理。

高频问题 109 违反治安管理的记录应当如何处理？

违反治安管理的记录应当予以封存，不得向任何单位和个人提供或者公开，但有关国家机关为办案需要或者有关单位根据国家规定进行查询的除外。依法进行查询的单位，应当对被封存的违法记录的情况予以保密。

高频问题 110 人民警察办理治安案件，有哪些行为的，依法给予处分；构成犯罪的，依法追究刑事责任？

人民警察办理治安案件，有下列行为之一的，依法给予处分；构成犯罪的，依法追究刑事责任：（一）刑讯逼供、体罚、打骂、虐待、侮辱他人的；（二）超过询问查证的时间限制人身自由的；（三）不执行罚款决定与罚款收缴分离制度或者不按规定将罚没的财物上缴国库或者依法处理的；（四）私分、侵占、挪用、故意损毁所收缴、追缴、扣押的财物的；（五）违反规定使用或者不及时返还被侵害人财物的；（六）违反规定不及时退还保证金的；（七）利用职务上的便利收受他人财物或者谋取其他利益的；（八）当场收缴罚款不出具专用票据或者不如实填写罚款数额的；（九）接到要求制止违反治安管理行为的报警后，不及时出警的；（十）在查处违反治安管理活动时，为违法犯罪行为人通风报信的；（十一）泄露办理治安案件过程中的工作秘密或者其他依法应当保密的信息的;(十二)将在办理治安案件过程中获得的个人信息、依法提取、采集的相关信息、样本用于与治安管理、查处犯罪无关的用途,或者出售、提供给其他单位或者个人的;(十三)剪接、删改、损毁、丢失办理治安案件的同步录音录像资料的;(十四)有徇私舞弊、玩忽职守、滥用职权,不依法履行法定职责的其他情形的。办理治安案件的公安机关有前述行为的,对负有责任的领导人员和直接责任人员,依法给予处分。

公安机关及其人民警察违法行使职权,侵犯公民、法人和其他组织合法权益的,应当赔礼道歉;造成损害的,应当依法承担赔偿责任。

附　录

公安机关执行《中华人民共和国治安管理处罚法》有关问题的解释

（2006年1月23日 公通字〔2006〕12号）

根据全国人大常委会《关于加强法律解释工作的决议》的规定，现对公安机关执行《中华人民共和国治安管理处罚法》（以下简称《治安管理处罚法》）的有关问题解释如下：

一、关于治安案件的调解问题。根据《治安管理处罚法》第9条的规定，对因民间纠纷引起的打架斗殴或者损毁他人财物以及其他违反治安管理行为，情节较轻的，公安机关应当本着化解矛盾纠纷、维护社会稳定、构建和谐社会的要求，依法尽量予以调解处理。特别是对因家庭、邻里、同事之间纠纷引起的违反治安管理行为，情节较轻，双方当事人愿意和解的，如制造噪声、发送信息、饲养动物干扰他人正常生活，放任动物恐吓他人、侮辱、诽谤、诬告陷害、侵犯隐私、偷开机动车等治安案件，公安机关都可以调解处理。同时，为确保调解取得良好效果，调解前应当及时依法做深入细致的调查取证工作，以查明事实、收集证据、分清责任。调解达成协议的，应当制作调解书，交双方当事人签字。

二、关于涉外治安案件的办理问题。《治安管理处罚法》第10条第2款规定："对违反治安管理的外国人，可以附加适用限期出境或者驱逐出境"。对外国人需要依法适用限期出境、驱逐出境处罚的，由承办案件的公安机关逐级上报公安部或者公安部授权的省级人民政府公安机关决定，由承办案件的公安机关执行。对外国人依法决定行政拘留的，由承办案件的县级以上（含县级，下同）公安机关决定，不再报上一级公安机关批准。对外国人依法决定警告、罚款、行政拘留，并附加适用限期出境、驱逐出境处罚的，应当在警告、罚款、行政拘留执行完毕后，再执行限期出境、驱逐出境。

三、关于不予处罚问题。《治安管理处罚法》第12条、第13条、第14条、第19条对不予处罚的情形作了明确规定，公安机关对依法不予处罚的违反治安管理行为人，有违法所得的，应当依法予以追缴；有非法财物的，应当依法予以收缴。

《治安管理处罚法》第22条对违反治安管理行为的追究时效作了明确规定，公安机关对超过追究时效的违反治安管理行为不再处罚，但有违禁品的，应当依法予以收缴。

四、关于对单位违反治安管理的处罚问题。《治安管理处罚法》第18条规定，"单位违反治安管理的，对其直接负责的主管人员和其他直接责任人员依照本法的规定处罚。其他法律、行政法规对同一行为规定给予单位处罚的，依照其规定处罚"，并在第54条规定可以吊销公安机关发放的许可证。对单位实施《治安管理处罚法》第三章所规定的违反治安管理行为的，应当依法对其直接负责的主管人员和其他直接责任人员予以治安管理处罚；其他法律、行政法规对同一行为明确规定由公安机关给予单位警告、罚款、没收违法所得、没收非法财物等处罚，或者采取责令其限期停业整顿、停业整顿、取缔等强制措施的，应当依照其规定办理。对被依法吊销许可证的单位，应当同时依法收缴非法财物、追缴违法所得。参照刑法的规定，单位是指公司、企业、事业单位、机关、团体。

五、关于不执行行政拘留处罚问题。根据《治安管理处罚法》第21条的规定，对"已满十四周岁不满十六周岁的"、"已满十六周岁不满十八周岁，初次违反治安管理的"、"七十周岁以上的"、"怀孕或者哺乳自己不满一周岁婴儿的"违反治安管理行为人，可以依法作出行政拘留处罚决定，但不投送拘留所执行。被处罚人居住地公安派出所应当会同被处罚人所在单位、学校、家庭、居（村）民委员会、未成年人保护组织和有关社会团体进行帮教。上述未成年人、老年人的年龄、怀孕或者哺乳自己不满1周岁婴儿的妇女的情况，以其实施违反治安管理行为或者正要执行行政拘留时的实际情况确定，即违反治安管理行为人在实施违反治安管理行为时具有上述情形之一的，或者执行行政拘留时符合上述情形之一的，均不再投送拘留所执行行政拘留。

六、关于取缔问题。根据《治安管理处罚法》第54条的规定，对未经许可，擅自经营按照国家规定需要由公安机关许可的行业的，予以取缔。这里的"按照国家规定需要由公安机关许可的行业"，是指按照有关法律、行政法规和国务院决定的有关规定，需要由公安机关许可的旅馆业、典当业、公章刻制业、保安培训业等行业。取缔应当由违反治安管理行为发生地的县级以上公安机关作出决定，按照《治安管理处罚法》的有关规定采取相应的措施，如责令停止相关经营活动、进入无证经营场所进行检查、扣押与案件有关的需要作为证据的物品等。在取缔的同时，应当依法收缴非法财物、追缴违法所得。

七、关于强制性教育措施问题。《治安管理处罚法》第76条规定，对有"引诱、容留、介绍他人卖淫"，"制作、运输、复制、出售、出租淫秽的书刊、图片、影片、音像制品等淫秽物品或者利用计算机信息网络、电话以及其他通讯工具传播淫秽信息"，"以营利为目的，为赌博提供条件的，或者参与赌博赌资较大的"行为，"屡教不改的，可以按照国家规定采取强制性教育措施"。这里的"强制性教育措施"目前是指劳动教养；"按照国家规定"是指按照《治安管理处罚法》和其他有关劳动教养的法律、行政法规的规定；"屡教不改"是指有上述行为被依法判处刑罚执行期满后五年内又实施前述行为之一，或者被依法予以罚款、行政拘留、收容教育①、劳动教养执行期满后三年内实施前述行为之一，情节较重，但尚不够刑事处罚的情形。

八、关于询问查证时间问题。《治安管理处罚法》第83条第1款规定，"对违反治安管理行为人，公安机关传唤后应当及时询问查证，询问查证的时间不得超过八小时；情况复杂，依照本法规定可能适用行政拘留处罚的，询问查证的时间不得超过二十四小时"。这里的"依照本法规定可能适用行政拘留处罚"，是指本法第三章对行为人实施的违反治安管理行为设定了行政拘留处罚，且根据其行为的性质和情节轻重，可能依法对违反治安管理行为人决定予以行政拘留的案件。

根据《治安管理处罚法》第82条和第83条的规定，公安机关或者办案部门负责人在审批书面传唤时，可以一并审批询问查证时间。对经过询问查证，属于"情况复杂"，且"依照本法规定可能适用行政拘留处罚"的案件，需要对违反治安管理行为人适用超过8小时询问查证时间的，需口头或者书面报经公安机关或者其办案部门负责人批准。对口头报批的，办案民警应当记录在案。

九、关于询问不满16周岁的未成年人问题。《治安管理处罚法》第84条、第85条规定，询问不满16周岁的违反治安管理行为人、被侵害人或者其他证人，应当通知其父母或者其他监护人到场。上述人员父母双亡，又没有其他监护人的，因种种原因无法找到其父母或者其他监护人的，以及其父母或者其他监护人收到通知后拒不到场或者不能及时到场的，办案民警应当将有关情况在笔录中注明。为保证询问的合法性和证据的有效性，在被询问人的父母或者其他监护人不能到场时，可以邀请办案

---

① 根据《公安部关于保留废止修改有关收容教育规范性文件的通知》（公法制〔2020〕818号），本文件中有关收容教育内容废止。——编者注

地居（村）民委员会的人员，或者被询问人在办案地有完全行为能力的亲友，或者所在学校的教师，或者其他见证人到场。询问笔录应当由办案民警、被询问人、见证人签名或者盖章。有条件的地方，还可以对询问过程进行录音、录像。

十、关于铁路、交通、民航、森林公安机关和海关侦查走私犯罪公安机构以及新疆生产建设兵团公安局的治安管理处罚权问题。《治安管理处罚法》第91条规定："治安管理处罚由县级以上人民政府公安机关决定；其中警告、五百元以下罚款可以由公安派出所决定。"根据有关法律，铁路、交通、民航、森林公安机关依法负责其管辖范围内的治安管理工作，《中华人民共和国海关行政处罚实施条例》第6条赋予了海关侦查走私犯罪公安机构对阻碍海关缉私警察依法执行职务的治安案件的查处权。为有效维护社会治安，县级以上铁路、交通、民航、森林公安机关对其管辖的治安案件，可以依法作出治安管理处罚决定，铁路、交通、民航、森林公安派出所可以作出警告、500元以下罚款的治安管理处罚决定；海关系统相当于县级以上公安机关的侦查走私犯罪公安机构可以依法查处阻碍缉私警察依法执行职务的治安案件，并依法作出治安管理处罚决定。

新疆生产建设兵团系统的县级以上公安局应当视为"县级以上人民政府公安机关"，可以依法作出治安管理处罚决定；其所属的公安派出所可以依法作出警告、500元以下罚款的治安管理处罚决定。

十一、关于限制人身自由的强制措施折抵行政拘留问题。《治安管理处罚法》第92条规定："对决定给予行政拘留处罚的人，在处罚前已经采取强制措施限制人身自由的时间，应当折抵。限制人身自由一日，折抵行政拘留一日。"这里的"强制措施限制人身自由的时间"，包括被行政拘留人在被行政拘留前因同一行为被依法刑事拘留、逮捕时间。如果被行政拘留人被刑事拘留、逮捕的时间已超过被行政拘留的时间的,则行政拘留不再执行,但办案部门必须将《治安管理处罚决定书》送达被处罚人。

十二、关于办理治安案件期限问题。《治安管理处罚法》第99条规定:"公安机关办理治安案件的期限,自受理之日起不得超过三十日;案情重大、复杂的,经上一级公安机关批准,可以延长三十日。为了查明案情进行鉴定的期间,不计入办理治安案件的期限。"这里的"鉴定期间",是指公安机关提交鉴定之日起至鉴定机构作出鉴定结论并送达公安机关的期间。公安机关应当切实提高办案效率,保证在法定期限内办结治安案件。对因违反治安管理行为人逃跑等客观原因造成案件不能在法定期限内办结的,公安机关应当继续进行调查取证,及时依法作出处理决定,不能因已超过法定办案期限就不再调查取证。因违反治安管理行为人在逃,导致无法查清案件事实,无法收集足够证据而结不了案的,公安机关应当向被侵害人说明原因。

对调解未达成协议或者达成协议后不履行的治安案件的办案期限,应当从调解未达成协议或者达成协议后不履行之日起开始计算。

公安派出所承办的案情重大、复杂的案件,需要延长办案期限的,应当报所属县级以上公安机关负责人批准。

十三、关于将被拘留人送达拘留所执行问题。《治安管理处罚法》第103条规定:"对被决定给予行政拘留处罚的人,由作出决定的公安机关送达拘留所执行。"这里的"送达拘留所执行",是指作出行政拘留决定的公安机关将被决定行政拘留的人送到拘留所并交付执行,拘留所依法办理入所手续后即为送达。

十四、关于治安行政诉讼案件的出庭应诉问题。《治安管理处罚法》取消了行政复议前置程序。被处罚人对治安管理处罚决定不服的,既可以申请行政复议,也可以直接提起行政诉讼。对未经行政复议和经行政复议决定维持原处罚决定的行政诉讼案件，由作出处罚决定的公安机关负责人和原办案部门的承办民警出庭应诉；对经行政复议决定撤销、变更原处罚决定或者责令被申请人重新作出具体行政行为的行政诉讼案件，由行政复议机关负责人和行政复议机构的承办民警出庭应诉。

十五、关于《治安管理处罚法》的溯及力问题。按照《中华人民共和国立法法》第84条的规定，《治安管理处罚法》不溯及既往。《治安管理处罚法》施行后，对其施行前发生且尚未作出处罚决定的违反治安管理行为，适用《中华人民共和国治安管理处罚条例》；但是，如果《治安管理处罚法》不认为是违反治安管理行为或者处罚较轻的，适用《治安管理处罚法》。

公安机关执行《中华人民共和国治安管理处罚法》有关问题的解释（二）

（2007年1月8日 公通字〔2007〕1号）

为正确、有效地执行《中华人民共和国治安管理处罚法》（以下简称《治安管理处罚法》），根据全国人民代表大会常务委员会《关于加强法律解释工作的决议》的规定，现对公安机关执行《治安管理处罚法》的有关问题解释如下：

一、关于制止违反治安管理行为的法律责任问题

为了免受正在进行的违反治安管理行为的侵害而采取的制止违法侵害行为，不属于违反治安管理行为。但对事先挑拨、故意挑逗他人对自己进行侵

害，然后以制止违法侵害为名对他人加以侵害的行为，以及互相斗殴的行为，应当予以治安管理处罚。

二、关于未达目的违反治安管理行为的法律责任问题

行为人为实施违反治安管理行为准备工具、制造条件的，不予处罚。

行为人自动放弃实施违反治安管理行为或者自动有效地防止违反治安管理行为结果发生，没有造成损害的，不予处罚；造成损害的，应当减轻处罚。

行为人已经着手实施违反治安管理行为，但由于本人意志以外的原因而未得逞的，应当从轻处罚、减轻处罚或者不予处罚。

三、关于未达到刑事责任年龄不予刑事处罚的，能否予以治安管理处罚问题

对已满十四周岁不满十六周岁不予刑事处罚的，应当责令其家长或者监护人加以管教；必要时，可以依照《治安管理处罚法》的相关规定予以治安管理处罚，或者依照《中华人民共和国刑法》第十七条的规定予以收容教养。

四、关于减轻处罚的适用问题

违反治安管理行为人具有《治安管理处罚法》第十二条、第十四条、第十九条减轻处罚情节的，按下列规定适用：

（一）法定处罚种类只有一种，在该法定处罚种类的幅度以下减轻处罚；

（二）法定处罚种类只有一种，在该法定处罚种类的幅度以下无法再减轻处罚的，不予处罚；

（三）规定拘留并处罚款的，在法定处罚幅度以下单独或者同时减轻拘留和罚款，或者在法定处罚幅度内单处拘留；

（四）规定拘留可以并处罚款的，在拘留的法定处罚幅度以下减轻处罚；在拘留的法定处罚幅度以下无法再减轻处罚的，不予处罚。

五、关于"初次违反治安管理"的认定问题

《治安管理处罚法》第二十一条第二项规定的

"初次违反治安管理",是指行为人的违反治安管理行为第一次被公安机关发现或者查处。但具有下列情形之一的,不属于"初次违反治安管理":

(一)曾违反治安管理,虽未被公安机关发现或者查处,但仍在法定追究时效内的;

(二)曾因不满十六周岁违反治安管理,不执行行政拘留的;

(三)曾违反治安管理,经公安机关调解结案的;

(四)曾被收容教养、劳动教养的;

(五)曾因实施扰乱公共秩序,妨害公共安全,侵犯人身权利、财产权利,妨害社会管理的行为被人民法院判处刑罚或者免除刑事处罚的。

六、关于扰乱居(村)民委员会秩序和破坏居(村)民委员会选举秩序行为的法律适用问题

对扰乱居(村)民委员会秩序的行为,应当根据其具体表现形式,如侮辱、诽谤、殴打他人、故意伤害、故意损毁财物等,依照《治安管理处罚法》的相关规定予以处罚。

对破坏居(村)民委员会选举秩序的行为,应当依照《治安管理处罚法》第二十三条第一款第五项的规定予以处罚。

七、关于殴打、伤害特定对象的处罚问题

对违反《治安管理处罚法》第四十三条第二款第二项规定行为的处罚,不要求行为人主观上必须明知殴打、伤害的对象为残疾人、孕妇、不满十四周岁的人或者六十周岁以上的人。

八、关于"结伙"、"多次"、"多人"的认定问题

《治安管理处罚法》中规定的"结伙"是指两人(含两人)以上;"多次"是指三次(含三次)以上;"多人"是指三人(含三人)以上。

九、关于运送他人偷越国(边)境、偷越国(边)境和吸食、注射毒品行为的法律适用问题

对运送他人偷越国(边)境、偷越国(边)境和吸食、注射毒品行为的行政处罚,适用《治安

管理处罚法》第六十一条、第六十二条第二款和第七十二条第三项的规定，不再适用全国人民代表大会常务委员会《关于严惩组织、运送他人偷越国（边）境犯罪的补充规定》和《关于禁毒的决定》的规定。

十、关于居住场所与经营场所合一的检查问题

违反治安管理行为人的居住场所与其在工商行政管理部门注册登记的经营场所合一的，在经营时间内对其检查时，应当按照检查经营场所办理相关手续；在非经营时间内对其检查时，应当按照检查公民住所办理相关手续。

十一、关于被侵害人是否有权申请行政复议问题

根据《中华人民共和国行政复议法》第二条的规定，治安案件的被侵害人认为公安机关依据《治安管理处罚法》作出的具体行政行为侵犯其合法权益的，可以依法申请行政复议。

公安机关办理伤害案件规定

（2005年12月27日　公通字〔2005〕98号）

第一章　总　　则

第一条　为规范公安机关办理伤害案件，正确适用法律，确保案件合法、公正、及时处理，根据《中华人民共和国刑法》、《中华人民共和国刑事诉讼法》等法律法规，制定本规定。

第二条　本规定所称伤害案件是指伤害他人身体，依法应当由公安机关办理的案件。

第三条　公安机关办理伤害案件，应当遵循迅速调查取证，及时采取措施，规范准确鉴定，严格依法处理的原则。

第二章　管　　辖

第四条　轻伤以下的伤害案件由公安派出所

管辖。

第五条　重伤及因伤害致人死亡的案件由公安机关刑事侦查部门管辖。

第六条　伤情不明、难以确定管辖的，由最先受理的部门先行办理，待伤情鉴定后，按第四条、第五条规定移交主管部门办理。

第七条　因管辖问题发生争议的，由共同的上级公安机关指定管辖。

第八条　被害人有证据证明的故意伤害（轻伤）案件，办案人员应当告知被害人可以直接向人民法院起诉。如果被害人要求公安机关处理的，公安机关应当受理。

第九条　人民法院直接受理的故意伤害（轻伤）案件，因证据不足，移送公安机关侦查的，公安机关应当受理。

第三章　前期处置

第十条　接到伤害案件报警后，接警部门应当根据案情，组织警力，立即赶赴现场。

第十一条　对正在发生的伤害案件，先期到达现场的民警应当做好以下处置工作：

（一）制止伤害行为；

（二）组织救治伤员；

（三）采取措施控制嫌疑人；

（四）及时登记在场人员姓名、单位、住址和联系方式，询问当事人和访问现场目击证人；

（五）保护现场；

（六）收集、固定证据。

第十二条　对已经发生的伤害案件，先期到达现场的民警应当做好以下处置工作：

（一）组织救治伤员；

（二）了解案件发生经过和伤情；

（三）及时登记在场人员姓名、单位、住址和联系方式，询问当事人和访问现场目击证人；

（四）追查嫌疑人；

（五）保护现场；

（六）收集、固定证据。

第四章　勘验、检查

第十三条　公安机关办理伤害案件，现场具备勘验、检查条件的，应当及时进行勘验、检查。

第十四条　伤害案件现场勘验、检查的任务是发现、固定、提取与伤害行为有关的痕迹、物证及其他信息，确定伤害状态，分析伤害过程，为查处伤害案件提供线索和证据。

办案单位对提取的痕迹、物证和致伤工具等应当妥善保管。

第十五条　公安机关对伤害案件现场进行勘验、检查不得少于二人。

勘验、检查现场时，应当邀请一至二名与案件无关的公民作见证人。

第十六条　勘验、检查伤害案件现场，应当制作现场勘验、检查笔录，绘制现场图，对现场情况和被伤害人的伤情进行照相，并将上述材料装订成卷宗。

第五章　鉴　　定

第十七条　公安机关办理伤害案件，应当对人身损伤程度和用作证据的痕迹、物证、致伤工具等进行检验、鉴定。

第十八条　公安机关受理伤害案件后，应当在24小时内开具伤情鉴定委托书，告知被害人到指定的鉴定机构进行伤情鉴定。

第十九条　根据国家有关部门颁布的人身伤情鉴定标准和被害人当时的伤情及医院诊断证明，具备即时进行伤情鉴定条件的，公安机关的鉴定机构应当在受委托之时起24小时内提出鉴定意见，并在3日内出具鉴定文书。

对伤情比较复杂，不具备即时进行鉴定条件的，应当在受委托之日起7日内提出鉴定意见并出具鉴定文书。

对影响组织、器官功能或者伤情复杂，一时难以进行鉴定的，待伤情稳定后及时提出鉴定意见，并出具鉴定文书。

第二十条 对人身伤情进行鉴定，应当由县级以上公安机关鉴定机构二名以上鉴定人负责实施。

伤情鉴定比较疑难，对鉴定意见可能发生争议或者鉴定委托主体有明确要求的，伤情鉴定应当由三名以上主检法医师或者四级以上法医官负责实施。

需要聘请其他具有专门知识的人员进行鉴定的，应当经县级以上公安机关负责人批准，制作《鉴定聘请书》，送达被聘请人。

第二十一条 对人身伤情鉴定意见有争议需要重新鉴定的，应当依照《中华人民共和国刑事诉讼法》的有关规定进行。

第二十二条 人身伤情鉴定文书格式和内容应当符合规范要求。鉴定文书中应当有被害人正面免冠照片及其人体需要鉴定的所有损伤部位的细目照片。对用作证据的鉴定意见，公安机关办案单位应当制作《鉴定意见通知书》，送达被害人和违法犯罪嫌疑人。

第六章 调查取证

第二十三条 询问被害人，应当重点问明伤害行为发生的时间，地点，原因，经过，伤害工具、方式、部位，伤情，嫌疑人情况等。

第二十四条 询问伤害行为人，应当重点问明实施伤害行为的时间，地点，原因，经过，致伤工具、方式、部位等具体情节。

多人参与的，还应当问明参与人员的情况，所持凶器，所处位置，实施伤害行为的先后顺序，致伤工具、方式、部位及预谋情况等。

第二十五条 询问目击证人，应当重点问明伤害行为发生的时间，地点，经过，双方当事人人数及各自所处位置、持有的凶器、实施伤害行为的先后顺序，致伤工具、方式、部位、衣着、体貌特征，目击证人所处位置及目击证人与双方当事人之间的关系等。

第二十六条　询问其他证人应当问清其听到、看到的与伤害行为有关的情况。

第二十七条　办理伤害案件，应当重点收集以下物证、书证：

（一）凶器、血衣以及能够证明伤害情况的其他物品；

（二）相关的医院诊断及病历资料；

（三）与案件有关的其他证据。

办案单位应当将证据保管责任落实到人，完善证据保管制度，建立证据保管室，妥善保管证据，避免因保管不善导致证据损毁、污染、丢失或者消磁，影响刑事诉讼和案件处理。

第七章　案件处理

第二十八条　被害人伤情构成轻伤、重伤或者死亡，需要追究犯罪嫌疑人刑事责任的，依照《中华人民共和国刑事诉讼法》的有关规定办理。

第二十九条　根据《中华人民共和国刑法》第十三条及《中华人民共和国刑事诉讼法》第十五条第一项规定，对故意伤害他人致轻伤，情节显著轻微、危害不大，不认为是犯罪的，以及被害人伤情达不到轻伤的，应当依法予以治安管理处罚。

第三十条　对于因民间纠纷引起的殴打他人或者故意伤害他人身体的行为，情节较轻尚不够刑事处罚，具有下列情形之一的，经双方当事人同意，公安机关可以依法调解处理：

（一）亲友、邻里或者同事之间因琐事发生纠纷，双方均有过错的；

（二）未成年人、在校学生殴打他人或者故意伤害他人身体的；

（三）行为人的侵害行为系由被害人事前的过错行为引起的；

（四）其他适用调解处理更易化解矛盾的。

第三十一条 有下列情形之一的，不得调解处理：

（一）雇凶伤害他人的；

（二）涉及黑社会性质组织的；

（三）寻衅滋事的；

（四）聚众斗殴的；

（五）累犯；

（六）多次伤害他人身体的；

（七）其他不宜调解处理的。

第三十二条 公安机关调解处理的伤害案件，除下列情形外，应当公开进行：

（一）涉及个人隐私的；

（二）行为人为未成年人的；

（三）行为人和被害人都要求不公开调解的。

第三十三条 公安机关进行调解处理时，应当遵循合法、公正、自愿、及时的原则，注重教育和疏导，化解矛盾。

第三十四条 当事人中有未成年人的，调解时未成年当事人的父母或者其他监护人应当在场。

第三十五条 对因邻里纠纷引起的伤害案件进行调解时，可以邀请当地居民委员会、村民委员会的人员或者双方当事人熟悉的人员参加。

第三十六条 调解原则上为一次，必要时可以增加一次。对明显不构成轻伤、不需要伤情鉴定的治安案件，应当在受理案件后的3个工作日内完成调解；对需要伤情鉴定的治安案件，应当在伤情鉴定文书出具后的3个工作日内完成调解。

对一次调解不成，有必要再次调解的，应当在第一次调解后的7个工作日内完成第二次调解。

第三十七条 调解必须履行以下手续：

（一）征得双方当事人同意；

（二）在公安机关的主持下制作调解书。

第三十八条 调解处理时，应当制作调解笔录。达成调解协议的，应当制作调解书。调解书应当由调解机关、调解主持人、双方当事人及其他参加人签名、盖章。调解书一式三份，双方当事人各一份，调解机关留存一份备查。

第三十九条 经调解当事人达成协议并履行的，不予处罚。经调解未达成协议或者达成协议后不履行的，公安机关应当对违反治安管理行为人依法予以处罚，并告知当事人可以就民事争议依法向人民法院提起民事诉讼。

第八章 卷 宗

第四十条 公安机关办理伤害案件，应当严格按照办理刑事案件或者治安案件的要求，形成完整卷宗。

卷宗内的材料应当包括受案、立案文书，询问、讯问笔录，现场、伤情照片，检验、鉴定结论等证据材料，审批手续、处理意见等。

第四十一条 卷宗应当整齐规范，字迹工整。

第四十二条 犯罪嫌疑人被追究刑事责任的，侦查卷（正卷）移送检察机关，侦查工作卷（副卷）由公安机关保存。

侦查卷（正卷）内容应包括立案决定书，现场照片、现场图，现场勘查笔录，强制措施和侦查措施决定书、通知书、告知书，各种证据材料，起诉意见书等法律文书。

侦查工作卷（副卷）内容应包括各种呈请报告书、审批表，侦查、调查计划，对案件分析意见，起诉意见书草稿等文书材料。

第四十三条 伤害案件未办结的，卷宗由办案单位保存。

第四十四条 治安管理处罚或者调解处理的伤害案件，结案后卷宗交档案部门保存。

第九章 责 任 追 究

第四十五条 违反本规定，造成案件难以审结、侵害当事人合法权益的，依照《公安机关人民警察执法过错责任追究规定》追究办案人员和主管领导的执法过错责任。

第十章 附 则

第四十六条 本规定所称以上、以下,包括本数。

第四十七条 本规定自2006年2月1日起施行。

戒毒条例

(2011年6月26日中华人民共和国国务院令第597号公布 根据2018年9月18日《国务院关于修改部分行政法规的决定》修订)

第一章 总 则

第一条 为了规范戒毒工作,帮助吸毒成瘾人员戒除毒瘾,维护社会秩序,根据《中华人民共和国禁毒法》,制定本条例。

第二条 县级以上人民政府应当建立政府统一领导、禁毒委员会组织、协调、指导,有关部门各负其责,社会力量广泛参与的戒毒工作体制。

戒毒工作坚持以人为本、科学戒毒、综合矫治、关怀救助的原则,采取自愿戒毒、社区戒毒、强制隔离戒毒、社区康复等多种措施,建立戒毒治疗、康复指导、救助服务兼备的工作体系。

第三条 县级以上人民政府应当按照国家有关规定将戒毒工作所需经费列入本级财政预算。

第四条 县级以上地方人民政府设立的禁毒委员会可以组织公安机关、卫生行政和负责药品监督管理的部门开展吸毒监测、调查,并向社会公开监测、调查结果。

县级以上地方人民政府公安机关负责对涉嫌吸毒人员进行检测,对吸毒人员进行登记并依法实行动态管控,依法责令社区戒毒、决定强制隔离戒毒、责令社区康复，管理公安机关的强制隔离戒毒场所、戒毒康复场所，对社区戒毒、社区康复工作提供指导和支持。

设区的市级以上地方人民政府司法行政部门负责管理司法行政部门的强制隔离戒毒场所、戒毒康复场所，对社区戒毒、社区康复工作提供指导和支持。

县级以上地方人民政府卫生行政部门负责戒毒医疗机构的监督管理，会同公安机关、司法行政等部门制定戒毒医疗机构设置规划，对戒毒医疗服务提供指导和支持。

县级以上地方人民政府民政、人力资源社会保障、教育等部门依据各自的职责，对社区戒毒、社区康复工作提供康复和职业技能培训等指导和支持。

第五条　乡（镇）人民政府、城市街道办事处负责社区戒毒、社区康复工作。

第六条　县级、设区的市级人民政府需要设置强制隔离戒毒场所、戒毒康复场所的，应当合理布局，报省、自治区、直辖市人民政府批准，并纳入当地国民经济和社会发展规划。

强制隔离戒毒场所、戒毒康复场所的建设标准，由国务院建设部门、发展改革部门会同国务院公安部门、司法行政部门制定。

第七条　戒毒人员在入学、就业、享受社会保障等方面不受歧视。

对戒毒人员戒毒的个人信息应当依法予以保密。对戒断3年未复吸的人员，不再实行动态管控。

第八条　国家鼓励、扶持社会组织、企业、事业单位和个人参与戒毒科研、戒毒社会服务和戒毒社会公益事业。

对在戒毒工作中有显著成绩和突出贡献的，按照国家有关规定给予表彰、奖励。

第二章　自愿戒毒

第九条　国家鼓励吸毒成瘾人员自行戒除毒

瘾。吸毒人员可以自行到戒毒医疗机构接受戒毒治疗。对自愿接受戒毒治疗的吸毒人员，公安机关对其原吸毒行为不予处罚。

第十条　戒毒医疗机构应当与自愿戒毒人员或者其监护人签订自愿戒毒协议，就戒毒方法、戒毒期限、戒毒的个人信息保密、戒毒人员应当遵守的规章制度、终止戒毒治疗的情形等作出约定，并应当载明戒毒疗效、戒毒治疗风险。

第十一条　戒毒医疗机构应当履行下列义务：

（一）对自愿戒毒人员开展艾滋病等传染病的预防、咨询教育；

（二）对自愿戒毒人员采取脱毒治疗、心理康复、行为矫治等多种治疗措施，并应当符合国务院卫生行政部门制定的戒毒治疗规范；

（三）采用科学、规范的诊疗技术和方法，使用的药物、医院制剂、医疗器械应当符合国家有关规定；

（四）依法加强药品管理，防止麻醉药品、精神药品流失滥用。

第十二条　符合参加戒毒药物维持治疗条件的戒毒人员，由本人申请，并经登记，可以参加戒毒药物维持治疗。登记参加戒毒药物维持治疗的戒毒人员的信息应当及时报公安机关备案。

戒毒药物维持治疗的管理办法，由国务院卫生行政部门会同国务院公安部门、药品监督管理部门制定。

第三章　社　区　戒　毒

第十三条　对吸毒成瘾人员，县级、设区的市级人民政府公安机关可以责令其接受社区戒毒，并出具责令社区戒毒决定书，送达本人及其家属，通知本人户籍所在地或者现居住地乡（镇）人民政府、城市街道办事处。

第十四条　社区戒毒人员应当自收到责令社区戒毒决定书之日起 15 日内到社区戒毒执行地乡

（镇）人民政府、城市街道办事处报到，无正当理由逾期不报到的，视为拒绝接受社区戒毒。

社区戒毒的期限为3年，自报到之日起计算。

第十五条　乡（镇）人民政府、城市街道办事处应当根据工作需要成立社区戒毒工作领导小组，配备社区戒毒专职工作人员，制定社区戒毒工作计划，落实社区戒毒措施。

第十六条　乡（镇）人民政府、城市街道办事处，应当在社区戒毒人员报到后及时与其签订社区戒毒协议，明确社区戒毒的具体措施、社区戒毒人员应当遵守的规定以及违反社区戒毒协议应承担的责任。

第十七条　社区戒毒专职工作人员、社区民警、社区医务人员、社区戒毒人员的家庭成员以及禁毒志愿者共同组成社区戒毒工作小组具体实施社区戒毒。

第十八条　乡（镇）人民政府、城市街道办事处和社区戒毒工作小组应当采取下列措施管理、帮助社区戒毒人员：

（一）戒毒知识辅导；

（二）教育、劝诫；

（三）职业技能培训，职业指导，就学、就业、就医援助；

（四）帮助戒毒人员戒除毒瘾的其他措施。

第十九条　社区戒毒人员应当遵守下列规定：

（一）履行社区戒毒协议；

（二）根据公安机关的要求，定期接受检测；

（三）离开社区戒毒执行地所在县（市、区）3日以上的，须书面报告。

第二十条　社区戒毒人员在社区戒毒期间，逃避或者拒绝接受检测3次以上，擅自离开社区戒毒执行地所在县（市、区）3次以上或者累计超过30日的，属于《中华人民共和国禁毒法》规定的"严重违反社区戒毒协议"。

第二十一条　社区戒毒人员拒绝接受社区戒毒，在社区戒毒期间又吸食、注射毒品，以及严重违反社区戒毒协议的,社区戒毒专职工作人员应当及时向当地公安机关报告。

第二十二条 社区戒毒人员的户籍所在地或者现居住地发生变化,需要变更社区戒毒执行地的,社区戒毒执行地乡（镇）人民政府、城市街道办事处应当将有关材料转送至变更后的乡（镇）人民政府、城市街道办事处。

社区戒毒人员应当自社区戒毒执行地变更之日起15日内前往变更后的乡（镇）人民政府、城市街道办事处报到,社区戒毒时间自报到之日起连续计算。

变更后的乡（镇）人民政府、城市街道办事处,应当按照本条例第十六条的规定,与社区戒毒人员签订新的社区戒毒协议,继续执行社区戒毒。

第二十三条 社区戒毒自期满之日起解除。社区戒毒执行地公安机关应当出具解除社区戒毒通知书送达社区戒毒人员本人及其家属,并在7日内通知社区戒毒执行地乡（镇）人民政府、城市街道办事处。

第二十四条 社区戒毒人员被依法收监执行刑罚、采取强制性教育措施的,社区戒毒终止。

社区戒毒人员被依法拘留、逮捕的,社区戒毒中止,由羁押场所给予必要的戒毒治疗,释放后继续接受社区戒毒。

第四章 强制隔离戒毒

第二十五条 吸毒成瘾人员有《中华人民共和国禁毒法》第三十八条第一款所列情形之一的,由县级、设区的市级人民政府公安机关作出强制隔离戒毒的决定。

对于吸毒成瘾严重,通过社区戒毒难以戒除毒瘾的人员,县级、设区的市级人民政府公安机关可以直接作出强制隔离戒毒的决定。

吸毒成瘾人员自愿接受强制隔离戒毒的,经强制隔离戒毒场所所在地县级、设区的市级人民政府公安机关同意，可以进入强制隔离戒毒场所戒毒。强制隔离戒毒场所应当与其就戒毒治疗期限、戒毒治疗措施等作出约定。

第二十六条　对依照《中华人民共和国禁毒法》第三十九条第一款规定不适用强制隔离戒毒的吸毒成瘾人员，县级、设区的市级人民政府公安机关应当作出社区戒毒的决定，依照本条例第三章的规定进行社区戒毒。

第二十七条　强制隔离戒毒的期限为2年，自作出强制隔离戒毒决定之日起计算。

被强制隔离戒毒的人员在公安机关的强制隔离戒毒场所执行强制隔离戒毒3个月至6个月后，转至司法行政部门的强制隔离戒毒场所继续执行强制隔离戒毒。

执行前款规定不具备条件的省、自治区、直辖市，由公安机关和司法行政部门共同提出意见报省、自治区、直辖市人民政府决定具体执行方案，但在公安机关的强制隔离戒毒场所执行强制隔离戒毒的时间不得超过12个月。

第二十八条　强制隔离戒毒场所对强制隔离戒毒人员的身体和携带物品进行检查时发现的毒品等违禁品，应当依法处理；对生活必需品以外的其他物品，由强制隔离戒毒场所代为保管。

女性强制隔离戒毒人员的身体检查，应当由女性工作人员进行。

第二十九条　强制隔离戒毒场所设立戒毒医疗机构应当经所在地省、自治区、直辖市人民政府卫生行政部门批准。强制隔离戒毒场所应当配备设施设备及必要的管理人员，依法为强制隔离戒毒人员提供科学规范的戒毒治疗、心理治疗、身体康复训练和卫生、道德、法制教育，开展职业技能培训。

第三十条　强制隔离戒毒场所应当根据强制隔离戒毒人员的性别、年龄、患病等情况对强制隔离戒毒人员实行分别管理；对吸食不同种类毒品的，应当有针对性地采取必要的治疗措施；根据戒毒治疗的不同阶段和强制隔离戒毒人员的表现，实行逐步适应社会的分级管理。

第三十一条 强制隔离戒毒人员患严重疾病，不出所治疗可能危及生命的，经强制隔离戒毒场所主管机关批准，并报强制隔离戒毒决定机关备案，强制隔离戒毒场所可以允许其所外就医。所外就医的费用由强制隔离戒毒人员本人承担。

所外就医期间，强制隔离戒毒期限连续计算。对于健康状况不再适宜回所执行强制隔离戒毒的，强制隔离戒毒场所应当向强制隔离戒毒决定机关提出变更为社区戒毒的建议，强制隔离戒毒决定机关应当自收到建议之日起7日内，作出是否批准的决定。经批准变更为社区戒毒的，已执行的强制隔离戒毒期限折抵社区戒毒期限。

第三十二条 强制隔离戒毒人员脱逃的，强制隔离戒毒场所应当立即通知所在地县级人民政府公安机关，并配合公安机关追回脱逃人员。被追回的强制隔离戒毒人员应当继续执行强制隔离戒毒，脱逃期间不计入强制隔离戒毒期限。被追回的强制隔离戒毒人员不得提前解除强制隔离戒毒。

第三十三条 对强制隔离戒毒场所依照《中华人民共和国禁毒法》第四十七条第二款、第三款规定提出的提前解除强制隔离戒毒、延长戒毒期限的意见，强制隔离戒毒决定机关应当自收到意见之日起7日内，作出是否批准的决定。对提前解除强制隔离戒毒或者延长强制隔离戒毒期限的，批准机关应当出具提前解除强制隔离戒毒决定书或者延长强制隔离戒毒期限决定书，送达被决定人，并在送达后24小时以内通知被决定人的家属、所在单位以及其户籍所在地或者现居住地公安派出所。

第三十四条 解除强制隔离戒毒的，强制隔离戒毒场所应当在解除强制隔离戒毒3日前通知强制隔离戒毒决定机关，出具解除强制隔离戒毒证明书送达戒毒人员本人，并通知其家属、所在单位、其户籍所在地或者现居住地公安派出所将其领回。

第三十五条 强制隔离戒毒诊断评估办法由国务院公安部门、司法行政部门会同国务院卫生行政部门制定。

第三十六条　强制隔离戒毒人员被依法收监执行刑罚、采取强制性教育措施或者被依法拘留、逮捕的，由监管场所、羁押场所给予必要的戒毒治疗，强制隔离戒毒的时间连续计算；刑罚执行完毕时、解除强制性教育措施时或者释放时强制隔离戒毒尚未期满的，继续执行强制隔离戒毒。

第五章　社区康复

第三十七条　对解除强制隔离戒毒的人员，强制隔离戒毒的决定机关可以责令其接受不超过3年的社区康复。

社区康复在当事人户籍所在地或者现居住地乡（镇）人民政府、城市街道办事处执行，经当事人同意，也可以在戒毒康复场所中执行。

第三十八条　被责令接受社区康复的人员，应当自收到责令社区康复决定书之日起15日内到户籍所在地或者现居住地乡（镇）人民政府、城市街道办事处报到，签订社区康复协议。

被责令接受社区康复的人员拒绝接受社区康复或者严重违反社区康复协议，并再次吸食、注射毒品被决定强制隔离戒毒的，强制隔离戒毒不得提前解除。

第三十九条　负责社区康复工作的人员应当为社区康复人员提供必要的心理治疗和辅导、职业技能培训、职业指导以及就学、就业、就医援助。

第四十条　社区康复自期满之日起解除。社区康复执行地公安机关出具解除社区康复通知书送达社区康复人员本人及其家属，并在7日内通知社区康复执行地乡（镇）人民政府、城市街道办事处。

第四十一条　自愿戒毒人员、社区戒毒、社区康复的人员可以自愿与戒毒康复场所签订协议，到戒毒康复场所戒毒康复、生活和劳动。

戒毒康复场所应当配备必要的管理人员和医务人员，为戒毒人员提供戒毒康复、职业技能培训和生产劳动条件。

第四十二条　戒毒康复场所应当加强管理，严禁毒品流入，并建立戒毒康复人员自我管理、自我教育、自我服务的机制。

戒毒康复场所组织戒毒人员参加生产劳动，应当参照国家劳动用工制度的规定支付劳动报酬。

第六章　法律责任

第四十三条　公安、司法行政、卫生行政等有关部门工作人员泄露戒毒人员个人信息的，依法给予处分；构成犯罪的，依法追究刑事责任。

第四十四条　乡（镇）人民政府、城市街道办事处负责社区戒毒、社区康复工作的人员有下列行为之一的，依法给予处分：

（一）未与社区戒毒、社区康复人员签订社区戒毒、社区康复协议，不落实社区戒毒、社区康复措施的；

（二）不履行本条例第二十一条规定的报告义务的；

（三）其他不履行社区戒毒、社区康复监督职责的行为。

第四十五条　强制隔离戒毒场所的工作人员有下列行为之一的，依法给予处分；构成犯罪的，依法追究刑事责任：

（一）侮辱、虐待、体罚强制隔离戒毒人员的；

（二）收受、索要财物的；

（三）擅自使用、损毁、处理没收或者代为保管的财物的；

（四）为强制隔离戒毒人员提供麻醉药品、精神药品或者违反规定传递其他物品的；

（五）在强制隔离戒毒诊断评估工作中弄虚作假的；

（六）私放强制隔离戒毒人员的；

（七）其他徇私舞弊、玩忽职守、不履行法定职责的行为。

第七章　附　　则

第四十六条　本条例自公布之日起施行。1995年1月12日国务院发布的《强制戒毒办法》同时废止。

最高人民法院、最高人民检察院、公安部关于依法惩治网络暴力违法犯罪的指导意见

（2023年9月20日　法发〔2023〕14号）

为依法惩治网络暴力违法犯罪活动，有效维护公民人格权益和网络秩序，根据刑法、刑事诉讼法、民法典、民事诉讼法、个人信息保护法、治安管理处罚法及《最高人民法院、最高人民检察院关于办理利用信息网络实施诽谤等刑事案件适用法律若干问题的解释》等法律、司法解释规定，结合执法司法实践，制定本意见。

一、充分认识网络暴力的社会危害，依法维护公民权益和网络秩序

1. 在信息网络上针对个人肆意发布谩骂侮辱、造谣诽谤、侵犯隐私等信息的网络暴力行为，贬损他人人格，损害他人名誉，有的造成了他人"社会性死亡"甚至精神失常、自杀等严重后果；扰乱网络秩序，破坏网络生态，致使网络空间戾气横行，严重影响社会公众安全感。与传统违法犯罪不同，网络暴力往往针对素不相识的陌生人实施，受害人在确认侵害人、收集证据等方面存在现实困难，维权成本极高。人民法院、人民检察院、公安机关要充分认识网络暴力的社会危害，坚持严惩立场，依法能动履职，为受害人提供有效法律救济，维护公民合法权益，维护公众安全感，维护网络秩序。

二、准确适用法律，依法严惩网络暴力违法犯罪

2. 依法惩治网络诽谤行为。在信息网络上制造、散布谣言，贬损他人人格、损害他人名誉，情节严重，符合刑法第二百四十六条规定的，以诽谤罪定罪处罚。

3. 依法惩治网络侮辱行为。在信息网络上采取肆意谩骂、恶意诋毁、披露隐私等方式，公然侮辱他人，情节严重，符合刑法第二百四十六条规定的，以侮辱罪定罪处罚。

4. 依法惩治侵犯公民个人信息行为。组织"人肉搜索"，违法收集并向不特定多数人发布公民个人信息，情节严重，符合刑法第二百五十三条之一规定的，以侵犯公民个人信息罪定罪处罚；依照刑法和司法解释规定，同时构成其他犯罪的，依照处罚较重的规定定罪处罚。

5. 依法惩治借网络暴力事件实施的恶意营销炒作行为。基于蹭炒热度、推广引流等目的，利用互联网用户公众账号等推送、传播有关网络暴力违法犯罪的信息，符合刑法第二百八十七条之一规定的，以非法利用信息网络罪定罪处罚；依照刑法和司法解释规定，同时构成其他犯罪的，依照处罚较重的规定定罪处罚。

6. 依法惩治拒不履行信息网络安全管理义务行为。网络服务提供者对于所发现的有关网络暴力违法犯罪的信息不依法履行信息网络安全管理义务，经监管部门责令采取改正措施而拒不改正，致使违法信息大量传播或者有其他严重情节，符合刑法第二百八十六条之一规定的，以拒不履行信息网络安全管理义务罪定罪处罚；依照刑法和司法解释规定，同时构成其他犯罪的，依照处罚较重的规定定罪处罚。

7. 依法惩治网络暴力违法行为。实施网络侮辱、诽谤等网络暴力行为，尚不构成犯罪，符合治安管理处罚法等规定的，依法予以行政处罚。

8. 依法严惩网络暴力违法犯罪。对网络暴力违法犯罪，应当体现从严惩治精神，让人民群众充分感受到公平正义。坚持严格执法司法，对于网络暴力违法犯罪，依法严肃追究，切实矫正"法不责众"的错误倾向。要重点打击恶意发起者、组织者、恶意推波助澜者以及屡教不改者。实施网络暴力违法犯罪，具有下列情形之一的，依法从重处罚：

（1）针对未成年人、残疾人实施的；

（2）组织"水军"、"打手"或者其他人员实施的；

（3）编造"涉性"话题侵害他人人格尊严的；

（4）利用"深度合成"等生成式人工智能技术发布违法信息的；

（5）网络服务提供者发起、组织的。

9. 依法支持民事维权。针对他人实施网络暴力行为，侵犯他人名誉权、隐私权等人格权，受害人请求行为人承担民事责任的，人民法院依法予以支持。

10. 准确把握违法犯罪行为的认定标准。通过信息网络检举、揭发他人犯罪或者违法违纪行为，只要不是故意捏造事实或者明知是捏造的事实而故意散布的，不应当认定为诽谤违法犯罪。针对他人言行发表评论、提出批评，即使观点有所偏颇、言论有些偏激，只要不是肆意谩骂、恶意诋毁的，不应当认定为侮辱违法犯罪。

三、畅通诉讼程序，及时提供有效法律救济

11. 落实公安机关协助取证的法律规定。根据刑法第二百四十六条第三款的规定，对于被害人就网络侮辱、诽谤提起自诉的案件，人民法院经审查认为被害人提供证据确有困难的，可以要求公安机关提供协助。公安机关应当根据人民法院要求和案件具体情况，及时查明行为主体，收集相关侮辱、诽谤信息传播扩散情况及造成的影响等证据材料。网络服务提供者应当依法为公安机关取证提供必要的技术支持和协助。经公安机关协助取证，达到自诉案件受理条件的，人民法院应当决定立案；无法收集相关证据材料的，公安机关应当书面向人民法院说明情况。

12. 准确把握侮辱罪、诽谤罪的公诉条件。根据刑法第二百四十六条第二款的规定，实施侮辱、诽谤犯罪，严重危害社会秩序和国家利益的，应当依法提起公诉。对于网络侮辱、诽谤是否严重危害社会秩序，应当综合侵害对象、动机目的、行为方式、信息传播范围、危害后果等因素作出判定。

实施网络侮辱、诽谤行为，具有下列情形之一的，应当认定为刑法第二百四十六条第二款规定的"严重危害社会秩序"：

（1）造成被害人或者其近亲属精神失常、自杀等严重后果，社会影响恶劣的；

（2）随意以普通公众为侵害对象，相关信息在网络上大范围传播，引发大量低俗、恶意评论，严重破坏网络秩序，社会影响恶劣的；

（3）侮辱、诽谤多人或者多次散布侮辱、诽谤信息，社会影响恶劣的；

（4）组织、指使人员在多个网络平台大量散布侮辱、诽谤信息，社会影响恶劣的；

（5）其他严重危害社会秩序的情形。

13. 依法适用侮辱、诽谤刑事案件的公诉程序。对于严重危害社会秩序的网络侮辱、诽谤行为，公安机关应当依法及时立案。被害人同时向人民法院提起自诉的，人民法院可以请自诉人撤回自诉或者裁定不予受理；已经受理的，应当裁定终止审理，并将相关材料移送公安机关，原自诉人可以作为被害人参与诉讼。对于网络侮辱、诽谤行为，被害人在公安机关立案前提起自诉，人民法院经审查认为有关行为严重危害社会秩序的，应当将案件移送公安机关。

对于网络侮辱、诽谤行为，被害人或者其近亲属向公安机关报案，公安机关经审查认为已构成犯罪但不符合公诉条件的，可以告知报案人向人民法院提起自诉。

14. 加强立案监督工作。人民检察院依照有关法律和司法解释的规定，对网络暴力犯罪案件加强立案监督工作。

上级公安机关应当加强对下级公安机关网络暴力案件立案工作的业务指导和内部监督。

15. 依法适用人格权侵害禁令制度。权利人有证据证明行为人正在实施或者即将实施侵害其人格权的违法行为，不及时制止将使其合法权益受到难以弥补的损害，依据民法典第九百九十七条向人民法院申请采取责令行为人停止有关行为的措施的，人民法院可以根据案件具体情况依法作出人格权侵害禁令。

16. 依法提起公益诉讼。网络暴力行为损害社会公共利益的，人民检察院可以依法向人民法院提起公益诉讼。

网络服务提供者对于所发现的网络暴力信息不依法履行信息网络安全管理义务，致使违法信息大量传播或者有其他严重情节，损害社会公共利益的，人民检察院可以依法向人民法院提起公益诉讼。

人民检察院办理网络暴力治理领域公益诉讼案件，可以依法要求网络服务提供者提供必要的技术支持和协助。

四、落实工作要求，促进强化综合治理

17. 有效保障受害人权益。办理网络暴力案件，应当及时告知受害人及其法定代理人或者近亲属有权委托诉讼代理人，并告知其有权依法申请法律援助。针对相关网络暴力信息传播范围广、社会危害大、影响消除难的现实情况，要依法及时向社会发布案件进展信息，澄清事实真相，有效消除不良影响。依法适用认罪认罚从宽制度，促使被告人认罪认罚，真诚悔罪，通过媒体公开道歉等方式，实现对受害人人格权的有效保护。对于被判处刑罚的被告人，可以依法宣告职业禁止或者禁止令。

18. 强化衔接配合。人民法院、人民检察院、公安机关要加强沟通协调，统一执法司法理念，有

序衔接自诉程序与公诉程序，确保案件顺利侦查、起诉、审判。对重大、敏感、复杂案件，公安机关听取人民检察院意见建议的，人民检察院应当及时提供，确保案件依法稳妥处理。完善行政执法和刑事司法衔接机制，加强协调配合，形成各单位各司其职、高效联动的常态化工作格局，依法有效惩治、治理网络暴力违法犯罪。

19. 做好法治宣传。要认真贯彻"谁执法谁普法"普法责任制，充分发挥执法办案的规则引领、价值导向和行为规范作用。发布涉网络暴力典型案例，明确传导"网络空间不是法外之地"，教育引导广大网民自觉守法，引领社会文明风尚。

20. 促进网络暴力综合治理。立足执法司法职能，在依法办理涉网络暴力相关案件的基础上，做实诉源治理，深入分析滋生助推网络暴力发生的根源，通过提出司法建议、检察建议、公安提示函等方式，促进对网络暴力的多元共治，夯实网络信息服务提供者的主体责任，不断健全长效治理机制，从根本上减少网络暴力的发生，营造清朗网络空间。

网络暴力信息治理规定

（2024年6月12日国家互联网信息办公室、公安部、文化和旅游部、国家广播电视总局令第17号发布　自2024年8月1日起施行）

第一章　总　　则

第一条　为了治理网络暴力信息，营造良好网络生态，保障公民合法权益，维护社会公共利益，根据《中华人民共和国网络安全法》、《中华人民共和国个人信息保护法》、《中华人民共和国治安管理处罚法》、《互联网信息服务管理办法》等法律、行政法规，制定本规定。

第二条 中华人民共和国境内的网络暴力信息治理活动,适用本规定。

第三条 网络暴力信息治理坚持源头防范、防控结合、标本兼治、协同共治的原则。

第四条 国家网信部门负责统筹协调全国网络暴力信息治理和相关监督管理工作。国务院公安、文化和旅游、广播电视等有关部门依据各自职责开展网络暴力信息的监督管理工作。

地方网信部门负责统筹协调本行政区域内网络暴力信息治理和相关监督管理工作。地方公安、文化和旅游、广播电视等有关部门依据各自职责开展本行政区域内网络暴力信息的监督管理工作。

第五条 鼓励网络相关行业组织加强行业自律,开展网络暴力信息治理普法宣传,督促指导网络信息服务提供者加强网络暴力信息治理并接受社会监督,为遭受网络暴力信息侵害的用户提供帮扶救助等支持。

第二章 一般规定

第六条 网络信息服务提供者和用户应当坚持社会主义核心价值观,遵守法律法规,尊重社会公德和伦理道德,促进形成积极健康、向上向善的网络文化,维护良好网络生态。

第七条 网络信息服务提供者应当履行网络信息内容管理主体责任,建立完善网络暴力信息治理机制,健全用户注册、账号管理、个人信息保护、信息发布审核、监测预警、识别处置等制度。

第八条 网络信息服务提供者为用户提供信息发布、即时通讯等服务的,应当依法对用户进行真实身份信息认证。用户不提供真实身份信息的,网络信息服务提供者不得为其提供相关服务。

网络信息服务提供者应当加强用户账号信息管理,为遭受网络暴力信息侵害的相关主体提供账号信息认证协助,防范和制止假冒、仿冒、恶意关联相关主体进行违规注册或者发布信息。

第九条 网络信息服务提供者应当制定和公开管理规则、平台公约，与用户签订服务协议，明确网络暴力信息治理相关权利义务，并依法依约履行治理责任。

第十条 任何组织和个人不得制作、复制、发布、传播涉网络暴力违法信息，应当防范和抵制制作、复制、发布、传播涉网络暴力不良信息。

任何组织和个人不得利用网络暴力事件实施蹭炒热度、推广引流等营销炒作行为，不得通过批量注册或者操纵用户账号等形式组织制作、复制、发布、传播网络暴力信息。

明知他人从事涉网络暴力信息违法犯罪活动的，任何组织和个人不得为其提供数据、技术、流量、资金等支持和协助。

第十一条 网络信息服务提供者应当定期发布网络暴力信息治理公告，并将相关工作情况列入网络信息内容生态治理工作年度报告。

第三章 预防预警

第十二条 网络信息服务提供者应当在国家网信部门和国务院有关部门指导下细化网络暴力信息分类标准规则，建立健全网络暴力信息特征库和典型案例样本库，采用人工智能、大数据等技术手段和人工审核相结合的方式加强对网络暴力信息的识别监测。

第十三条 网络信息服务提供者应当建立健全网络暴力信息预警模型，综合事件类别、针对主体、参与人数、信息内容、发布频次、环节场景、举报投诉等因素，及时发现预警网络暴力信息风险。

网络信息服务提供者发现存在网络暴力信息风险的，应当及时回应社会关切，引导用户文明互动、理性表达，并对异常账号及时采取真实身份信息动态核验、弹窗提示、违规警示、限制流量等措施；发现相关信息内容浏览、搜索、评论、举报量显著增长等情形的，还应当及时向有关部门报告。

第十四条　网络信息服务提供者应当建立健全用户账号信用管理体系，将涉网络暴力信息违法违规情形记入用户信用记录，依法依约降低账号信用等级或者列入黑名单，并据以限制账号功能或者停止提供相关服务。

第四章　信息和账号处置

第十五条　网络信息服务提供者发现涉网络暴力违法信息的，或者在其服务的醒目位置、易引起用户关注的重点环节发现涉网络暴力不良信息的，应当立即停止传输，采取删除、屏蔽、断开链接等处置措施，保存有关记录，向有关部门报告。发现涉嫌违法犯罪的，应当及时向公安机关报案，并提供相关线索，依法配合开展侦查、调查和处置等工作。

第十六条　互联网新闻信息服务提供者应当坚持正确政治方向、舆论导向、价值取向，加强网络暴力信息治理的公益宣传。

互联网新闻信息服务提供者不得通过夸大事实、过度渲染、片面报道等方式采编发布、转载涉网络暴力新闻信息。对互联网新闻信息提供跟帖评论服务的，应当实行先审后发。

互联网新闻信息服务提供者采编发布、转载涉网络暴力新闻信息不真实或者不公正的，应当立即公开更正，消除影响。

第十七条　网络信息服务提供者应当加强网络视听节目、网络表演等服务内容的管理，发现含有网络暴力信息的网络视听节目、网络表演等服务的，应当及时删除信息或者停止提供相关服务；应当加强对网络直播、短视频等服务的内容审核，及时阻断含有网络暴力信息的网络直播，处置含有网络暴力信息的短视频。

第十八条　网络信息服务提供者应当加强对跟

帖评论信息内容的管理，对以评论、回复、留言、弹幕、点赞等方式制作、复制、发布、传播网络暴力信息的，应当及时采取删除、屏蔽、关闭评论、停止提供相关服务等处置措施。

第十九条 网络信息服务提供者应当加强对网络论坛社区和网络群组的管理，禁止用户在版块、词条、超话、群组等环节制作、复制、发布、传播网络暴力信息，禁止以匿名投稿、隔空喊话等方式创建含有网络暴力信息的论坛社区和群组账号。

网络论坛社区、网络群组的建立者和管理者应当履行管理责任，发现用户制作、复制、发布、传播网络暴力信息的，应当依法依约采取限制发言、移出群组等管理措施。

第二十条 公众账号生产运营者应当建立健全发布推广、互动评论等全过程信息内容安全审核机制，发现账号跟帖评论等环节存在网络暴力信息的，应当及时采取举报、处置等措施。

第二十一条 对违反本规定第十条的用户，网络信息服务提供者应当依法依约采取警示、删除信息、限制账号功能、关闭账号等处置措施，并保存相关记录；对组织、煽动、多次发布网络暴力信息的，网络信息服务提供者还应当依法依约采取列入黑名单、禁止重新注册等处置措施。

对借网络暴力事件实施营销炒作等行为的，除前款规定外，还应当依法依约采取清理订阅关注账号、暂停营利权限等处置措施。

第二十二条 对组织、煽动制作、复制、发布、传播网络暴力信息的网络信息内容多渠道分发服务机构，网络信息服务提供者应当依法依约对该机构及其管理的账号采取警示、暂停营利权限、限制提供服务、入驻清退等处置措施。

第五章 保护机制

第二十三条 网络信息服务提供者应当建立健全网络暴力信息防护功能，提供便利用户设置屏蔽陌生用户或者特定用户、本人发布信息可见范围、禁止转载或者评论本人发布信息等网络暴力信息防护选项。

网络信息服务提供者应当完善私信规则，提供便利用户设置仅接收好友私信或者拒绝接收所有私信等网络暴力信息防护选项，鼓励提供智能屏蔽私信或者自定义私信屏蔽词等功能。

第二十四条　网络信息服务提供者发现用户面临网络暴力信息风险的，应当及时通过显著方式提示用户，告知用户可以采取的防护措施。

网络信息服务提供者发现网络暴力信息风险涉及以下情形的，还应当为用户提供网络暴力信息防护指导和保护救助服务，协助启动防护措施，并向网信、公安等有关部门报告：

（一）网络暴力信息侵害未成年人、老年人、残疾人等用户合法权益的；

（二）网络暴力信息侵犯用户个人隐私的；

（三）若不及时采取措施，可能造成用户人身、财产损害等严重后果的其他情形。

第二十五条　网络信息服务提供者发现、处置网络暴力信息的，应当及时保存信息内容、浏览评论转发数量等数据。网络信息服务提供者应当向用户提供网络暴力信息快捷取证等功能，依法依约为用户维权提供便利。

公安、网信等有关部门依法调取证据的，网络信息服务提供者应当及时提供必要的技术支持和协助。

第二十六条　网络信息服务提供者应当自觉接受社会监督，优化投诉、举报程序，在服务显著位置设置专门的网络暴力信息快捷投诉、举报入口，公布处理流程，及时受理、处理公众投诉、举报并反馈处理结果。

网络信息服务提供者应当结合投诉、举报内容以及相关证明材料及时研判。对属于网络暴力信息的投诉、举报，应当依法处理并反馈结果；对因证明材料不充分难以准确判断的，应当及时告知用户补充证明材料；对不属于网络暴力信息的投诉、举报，应当按照其他类型投诉、举报的受理要求予以处理并反馈结果。

第二十七条　网络信息服务提供者应当优先处理涉未成年人网络暴力信息的投诉、举报。发现涉及侵害未成年人用户合法权益的网络暴力信息风险的，应当按照法律法规和本规定要求及时采取措施，提供相应保护救助服务，并向有关部门报告。

网络信息服务提供者应当设置便利未成年人及其监护人行使通知删除网络暴力信息权利的功能、渠道，接到相关通知后，应当及时采取删除、屏蔽、断开链接等必要的措施，防止信息扩散。

第六章　监督管理和法律责任

第二十八条　网信部门会同公安、文化和旅游、广播电视等有关部门依法对网络信息服务提供者的网络暴力信息治理情况进行监督检查。

网络信息服务提供者对网信部门和有关部门依法实施的监督检查应当予以配合。

第二十九条　网信部门会同公安、文化和旅游、广播电视等有关部门建立健全信息共享、会商通报、取证调证、案件督办等工作机制，协同治理网络暴力信息。

公安机关对于网信、文化和旅游、广播电视等部门移送的涉网络暴力信息违法犯罪线索，应当及时进行审查，并对符合立案条件的及时立案侦查、调查。

第三十条　违反本规定的，依照《中华人民共和国网络安全法》、《中华人民共和国个人信息保护法》、《中华人民共和国治安管理处罚法》、《互联网信息服务管理办法》等法律、行政法规的规定予以处罚。

法律、行政法规没有规定的，由网信、公安、文化和旅游、广播电视等有关部门依据职责给予警告、通报批评，责令限期改正，可以并处一万元以上十万元以下罚款；涉及危害公民生命健康安全且有严重后果的，并处十万元以上二十万元以下罚款。

对组织、煽动制作、复制、发布、传播网络暴力信息或者利用网络暴力事件实施恶意营销炒作等行为的组织和个人，应当依法从重处罚。

第三十一条　违反本规定，给他人造成损害的，依法承担民事责任；构成违反治安管理行为的，依法给予治安管理处罚；构成犯罪的，依法追究刑事责任。

第七章　附　　则

第三十二条　本规定所称网络暴力信息，是指通过网络以文本、图像、音频、视频等形式对个人集中发布的，含有侮辱谩骂、造谣诽谤、煽动仇恨、威逼胁迫、侵犯隐私，以及影响身心健康的指责嘲讽、贬低歧视等内容的违法和不良信息。

第三十三条　依法通过网络检举、揭发他人违法犯罪，或者依法实施舆论监督的，不适用本规定。

第三十四条　本规定自2024年8月1日起施行。

娱乐场所治安管理办法

（2008年6月3日公安部令第103号公布　自2008年10月1日起施行）

第一章　总　　则

第一条　为加强娱乐场所治安管理，维护娱乐场所经营者、消费者和从业人员的合法权益，维护社会治安秩序，保障公共安全，根据《中华人民共和国治安管理处罚法》、《娱乐场所管理条例》等法律、法规的规定，制定本办法。

第二条　娱乐场所治安管理应当遵循公安机关

治安部门归口管理和辖区公安派出所属地管理相结合，属地管理为主的原则。

公安机关对娱乐场所进行治安管理，应当严格、公正、文明、规范。

第三条　娱乐场所法定代表人、主要负责人是维护本场所治安秩序的第一责任人。

第二章　娱乐场所向公安机关备案

第四条　娱乐场所领取营业执照后，应当在15日内向所在地县（市）公安局、城市公安分局治安部门备案；县（市）公安局、城市公安分局治安部门受理备案后，应当在5日内将备案资料通报娱乐场所所在辖区公安派出所。

县（市）公安局、城市公安分局治安部门对备案的娱乐场所应当统一建立管理档案。

第五条　娱乐场所备案项目包括：

（一）名称；

（二）经营地址、面积、范围；

（三）地理位置图和内部结构平面示意图；

（四）法定代表人和主要负责人姓名、身份证号码、联系方式；

（五）与保安服务企业签订的保安服务合同及保安人员配备情况；

（六）核定的消费人数；

（七）娱乐经营许可证号、营业执照号及登记日期；

（八）监控、安检设备安装部位平面图及检测验收报告。

设有电子游戏机的游艺娱乐场所备案时，除符合前款要求外，还应当提供电子游戏机机型及数量情况。

第六条　娱乐场所备案时，应当提供娱乐经营许可证、营业执照及消防、卫生、环保等部门批准文件的复印件。

第七条　娱乐场所备案项目发生变更的，应当自变更之日起15日内向原备案公安机关备案。

第三章 安 全 设 施

第八条 歌舞娱乐场所包厢、包间内不得设置阻碍展现室内整体环境的屏风、隔扇、板壁等隔断，不得以任何名义设立任何形式的房中房（卫生间除外）。

第九条 歌舞娱乐场所的包厢、包间内的吧台、餐桌等物品不得高于1.2米。

包厢、包间的门窗，距地面1.2米以上应当部分使用透明材质。透明材质的高度不小于0.4米，宽度不小于0.2米，能够展示室内消费者娱乐区域整体环境。

营业时间内，歌舞娱乐场所包厢、包间门窗透明部分不得遮挡。

第十条 歌舞娱乐场所包厢、包间内不得安装门锁、插销等阻碍他人自由进出包厢、包间的装置。

第十一条 歌舞娱乐场所营业大厅、包厢、包间内禁止设置可调试亮度的照明灯。照明灯在营业时间内不得关闭。

第十二条 歌舞娱乐场所应当在营业场所出入口、消防安全疏散出入口、营业大厅通道、收款台前安装闭路电视监控设备。

第十三条 歌舞娱乐场所安装的闭路电视监控设备应当符合视频安防监控系统相关国家或者行业标准要求。

闭路电视监控设备的压缩格式为H.264或者MPEG-4，录像图像分辨率不低于4CIF（704×576）或者D1（720×576）；保障视频录像实时（每秒不少于25帧），支持视频移动侦测功能；图像回放效果要求清晰、稳定、逼真，能够通过LAN、WAN或者互联网与计算机相连，实现远程监视、放像、备份及升级，回放图像水平分辨力不少于300TVL。

第十四条　歌舞娱乐场所应当设置闭路电视监控设备监控室，由专人负责值守，保障设备在营业时间内正常运行，不得中断、删改或者挪作他用。

第十五条　营业面积1000平方米以下的迪斯科舞厅应当配备手持式金属探测器，营业面积超过1000平方米以上的应当配备通过式金属探测门和微剂量X射线安全检查设备等安全检查设备。

手持式金属探测器、通过式金属探测门、微剂量X射线安全检查设备应当符合国家或者行业标准要求。

第十六条　迪斯科舞厅应当配备专职安全检查人员，安全检查人员不得少于2名，其中女性安全检查人员不得少于1名。

第十七条　娱乐场所应当在营业场所大厅、包厢、包间内的显著位置悬挂含有禁毒、禁赌、禁止卖淫嫖娼等内容的警示标志。标志应当注明公安机关的举报电话。

警示标志式样、规格、尺寸由省、自治区、直辖市公安厅、局统一制定。

第十八条　娱乐场所不得设置具有赌博功能的电子游戏机机型、机种、电路板等游戏设施设备，不得从事带有赌博性质的游戏机经营活动。

第四章　经营活动规范

第十九条　娱乐场所对从业人员应当实行实名登记制度，建立从业人员名簿，统一建档管理。

第二十条　从业人员名簿应当记录以下内容：

（一）从业人员姓名、年龄、性别、出生日期及有效身份证件号码；

（二）从业人员户籍所在地和暂住地地址；

（三）从业人员具体工作岗位、职责。

外国人就业的，应当留存外国人就业许可证复印件。

第二十一条　营业期间，娱乐场所从业人员应当统一着装，统一佩带工作标志。

着装应当大方得体，不得有伤风化。

工作标志应当载有从业人员照片、姓名、职务、统一编号等基本信息。

第二十二条　娱乐场所应当建立营业日志，由各岗位负责人及时登记填写并签名，专人负责保管。

营业日志应当详细记载从业人员的工作职责、工作内容、工作时间、工作地点及遇到的治安问题。

第二十三条　娱乐场所营业日志应当留存60日备查，不得删改。对确因记录错误需要删改的，应当写出说明，由经手人签字，加盖娱乐场所印章。

第二十四条　娱乐场所应当安排保安人员负责安全巡查，营业时间内每2小时巡查一次，巡查区域应当涵盖整个娱乐场所，巡查情况应当写入营业日志。

第二十五条　娱乐场所对发生在场所内的违法犯罪活动，应当立即向公安机关报告。

第二十六条　娱乐场所应当按照国家有关信息化标准规定，配合公安机关建立娱乐场所治安管理信息系统，实时、如实将从业人员、营业日志、安全巡查等信息录入系统，传输报送公安机关。

本办法规定娱乐场所配合公安机关在治安管理方面所作的工作，能够通过娱乐场所治安管理信息系统录入传输完成的，应当通过系统完成。

第五章　保安员配备

第二十七条　娱乐场所应当与经公安机关批准设立的保安服务企业签订服务合同，配备已取得资格证书的专业保安人员，并通报娱乐场所所在辖区公安派出所。

娱乐场所不得自行招录人员从事保安工作。

第二十八条　娱乐场所保安人员应当履行下列职责：

（一）维护娱乐场所治安秩序；

（二）协助娱乐场所做好各项安全防范和巡查工作；

（三）及时排查、发现并报告娱乐场所治安、安全隐患；

（四）协助公安机关调查、处置娱乐场所内发生的违法犯罪活动。

第二十九条 娱乐场所应当加强对保安人员的教育管理，不得要求保安人员从事与其职责无关的工作。对保安人员工作情况逐月通报辖区公安派出所和保安服务企业。

第三十条 娱乐场所营业面积在200平方米以下的，配备的保安人员不得少于2名；营业面积每增加200平方米，应当相应增加保安人员1名。

迪斯科舞厅保安人员应当按照场所核定人数的5%配备。

第三十一条 在娱乐场所执勤的保安人员应当统一着制式服装，佩带徽章、标记。

保安人员执勤时，应当仪表整洁、行为规范、举止文明。

第三十二条 保安服务企业应当加强对派驻娱乐场所保安人员的教育培训，开展经常性督查，确保服务质量。

第六章 治安监督检查

第三十三条 公安机关及其工作人员对娱乐场所进行监督检查时应当出示人民警察证件，表明执法身份，不得从事与职务无关的活动。

公安机关及其工作人员对娱乐场所进行监督检查，应当记录在案，归档管理。

第三十四条 监督检查记录应当以书面形式为主，必要时可以辅以录音、录像等形式。

第三十五条 监督检查记录应当包括：

（一）执行监督检查任务的人员姓名、单位、职务；

（二）监督检查的时间、地点、场所名称、检查事项；

（三）发现的问题及处理结果。

第三十六条　监督检查记录一式两份，由监督检查人员签字，并经娱乐场所负责人签字确认。

娱乐场所负责人拒绝签字的，监督检查人员应当在记录中注明情况。

第三十七条　公众有权查阅娱乐场所监督检查记录，公安机关应当为公众查阅提供便利。

第三十八条　公安机关应当建立娱乐场所违法行为警示记录系统，并依据娱乐场所治安秩序状况进行分级管理。

娱乐场所分级管理标准，由各省、自治区、直辖市公安厅、局结合本地实际自行制定。

第三十九条　公安机关对娱乐场所进行分级管理，应当按照公开、公平、公正的原则，定期考核，动态升降。

第四十条　公安机关建立娱乐场所治安管理信息系统，对娱乐场所及其从业人员实行信息化监督管理。

第七章　罚　　则

第四十一条　娱乐场所未按照本办法规定项目备案的，由受理备案的公安机关告知补齐；拒不补齐的，由受理备案的公安机关责令改正，给予警告。

违反本办法第七条规定的，由原备案公安机关责令改正，给予警告。

第四十二条　娱乐场所违反本办法第八条至第十六条、第三十条规定的，由县级公安机关依照《娱乐场所管理条例》第四十三条的规定予以处罚。

第四十三条　娱乐场所违反本办法第二十九条规定的，由县级公安机关责令改正，给予警告。

娱乐场所保安人员违反本办法第二十八条、三十一条规定的，依照有关规定予以处理。

第四十四条　娱乐场所违反本办法第二十六条规定的，由县级公安机关责令改正，给予警告；经警告不予改正的，处5000元以上1万元以下罚款。

第四十五条　公安机关工作人员违反本办法第三十三条规定或有其他失职、渎职行为的，对直接负责的主管人员和其他直接责任人员依法予以行政处分；构成犯罪的，依法追究刑事责任。

第四十六条　娱乐场所及其从业人员违反本办法规定的其他行为，《娱乐场所管理条例》已有处罚规定的，依照规定处罚；违反治安管理的，依照《中华人民共和国治安管理处罚法》处罚；构成犯罪的，依法追究刑事责任。

第八章　附　　则

第四十七条　非娱乐场所经营单位兼营歌舞、游艺项目的，依照本办法执行。

第四十八条　本办法自2008年10月1日起施行。

图书在版编目（CIP）数据

治安管理处罚法高频问题速查手册 / 中国法治出版社编. -- 北京：中国法治出版社，2025.7. -- ISBN 978-7-5216-5156-0

Ⅰ. D922.144

中国国家版本馆 CIP 数据核字第 2025QE9790 号

责任编辑：马春芳　　　　　　　　　　　　　　　　　封面设计：周黎明

治安管理处罚法高频问题速查手册
ZHI'AN GUANLI CHUFAFA GAOPIN WENTI SUCHA SHOUCE

编者/中国法治出版社
经销/新华书店
印刷/三河市紫恒印装有限公司
开本/880 毫米×1230 毫米　32 开　　　　　　　　　印张/ 5.5　字数/ 104 千
版次/2025 年 7 月第 1 版　　　　　　　　　　　　　2025 年 7 月第 1 次印刷

中国法治出版社出版
书号 ISBN 978-7-5216-5156-0　　　　　　　　　　　定价：25.00 元

北京市西城区西便门西里甲 16 号西便门办公区
邮政编码：100053　　　　　　　　　　　　　　　　传真：010-63141600
网址：http：//www.zgfzs.com　　　　　　　　　　编辑部电话：010-63141822
市场营销部电话：010-63141612　　　　　　　　　　印务部电话：010-63141606

（如有印装质量问题，请与本社印务部联系。）